# パーソナリティ心理学

自分を知る・他者を知る

加藤孝義

新曜社

# まえがき

「人間とは何か」という問題には、誰もが興味をひかれる。哲学や心理学ばかりでなく、脳科学や最近話題のヒトゲノムの解読計画も、それぞれのアプローチからの、この問いへの解答を目指す試みだといえるだろう。パーソナリティ心理学は、とくに人間の個性的な行動や認知の側面に科学の光を当てて、独自の自分らしさを成り立たせているさまざまな要因や背景を探っている。

「パーソナリティ」ということばは、ギリシアの仮面劇で用いられたペルソナ、つまり仮面に由来するといわれ、この訳語としては、「人格」があるが、最近ではほとんど使われなくなった。それは人格ということばが、「人格者」という価値観をもつことばとして受け取られることがあるからである。似たことばに「性格」があるが、心理学ではパーソナリティのうちでも情意的な側面の個人差をさして使われることが多い。

パーソナリティの研究には、ドイツ・フランスのいわゆる「大陸の心理学」の人間観の背景と、実証主義をかかげる「英米の心理学」の人間観の背景があり、本書で扱ったテーマも、このような歴史上の経緯を反映している。

パーソナリティ研究の主要な問題のひとつは、「精神構造」ともいわれるパーソナリティの構造を解明することである。意識と無意識からなるフロイトの説は、あまねく知られるところである。この文脈の中にある自己意識の問題は、パーソナリティ心理学の中心テーマである。

パーソナリティの今ひとつの主要な問題は、発達の側面である。これは、「遺伝と環境」の関わり合いを話題にするのが一般的な扱い方であろう。しかし、フロイトに始まる精神分析とそれ以降の人間観の「歴史的系譜」もまた、発達の考え方に大きな影響を及ぼしており、それらをコンパクトに、しかも統一的な視点から展望しようという試みとして、「胎児から死まで」のライフサイクルにおける幾つかの重要と思える発達課題を組合わせて取り上げる案を採用した。

このように、本書は、パーソナリティ心理学の全般的な案内であり、一般の読者の方にも十分楽しんでいただけるのではないかと思う。また、大学における講義のテキスト、補助教材としても効果的であるように意図されている。

最近の大学のカリキュラムは2単位を履修の基準にすることが多くなり、心理学関係の科目の必要単位も例外ではない。しかし多くのテキストは、このようなカリキュラムの変化とは無関係に構成されていることが多く、一学期の中であるまとまりをもった視点を提供することができない面のあることも否定できない。心理学の科目の受講生は心理学を専攻する人よりも、ほかの分野を専攻する人の方がむしろ多い現状なので、ただ興味のある面白そうなトピックばかりを並べようとする傾向もなしとはいえない。現状に見合ったバランスのとれた著書が望まれるが、心理学の内容は多岐にわたるので、なかなか困難な課題ではある。

本書は、心理学の歴史的考察もできるだけ視野に入れながら、一学期の範囲内で扱え、これに不足と思える課題を教授者が一部加えたり、心理テストの実習を挿入したり、関連のＶＴＲなどを併せて提供できる余裕をもたせた章構成を意図したことが、ひとつの特色である。

本書を書くにあたり、東北学院大学の畏友大山正博教授並びに宮城学院女子大学の古田倭文男教授、それから心理テストの日本語版標準化の際に共同研究者として多大の労苦をおかけしたこともある東北大学の細川徹教授には、必要な文献をご教示いただいたり、用語法上のご指摘をいただくなど、たいへんお世話になった。そして新曜社の塩浦暲氏には、本書の細部にわたってたいへん貴重なご助言をいただいた。これらのかたがたに心から感謝申し上げます。

２００1年正月

著者しるす

# 目次

まえがき　i
第1章　心理学が誕生する前に、パーソナリティはどう考えられたか ―― 1
1　ギリシア時代のパーソナリティ論　2
2　ガルの骨相学　6
第2章　パーソナリティのさまざまな考え方 ―― 11
1　パーソナリティを定義する　12
2　パーソナリティへの四つのアプローチ　13
第3章　パーソナリティをどうとらえるか ―― 21
1　個性記述的理論と法則定立的理論　22

2　パーソナリティへの類型アプローチと特性アプローチ　23
3　パーソナリティは一貫しているか、状況に応じて変化するか　25
4　下からデータを積み上げるか、まず上から理論をつくるか　26

第4章　パーソナリティを類型からみる・特性からみる――27
1　性格の類型　28
2　パーソナリティの特性　39
3　単一特性説　45
4　暗黙の性格観　49

第5章　パーソナリティのダイナミックな構造を探る――53
1　レヴィンの場の理論　54
2　フロイトの構造説　57
3　ロータッカーの成層説　60

第6章 自分という意識——自我と自己 63
1 ヤスパースの自我機能の4指標 64
2 自我と自己 68
3 自己概念の構造を調べる 70
4 自分の芽生え 73

第7章 発達からパーソナリティをみる 77
1 胎児期から青年期までの発達の全般的な過程 79
2 パーソナリティ発達の諸側面 88
3 成人期 104

第8章 脳のはたらきから見た男と女 115
1 よくいわれる男女差 116
2 男女の生物学的差異 117
3 性の分化 117
4 女の脳から男の脳がつくられる 120
5 大脳半球機能の性差 121

6 遺伝的性の矛盾 122
7 妊婦のストレスが同性愛を生む可能性 123
8 男らしさ・女らしさ 124

第9章 パーソナリティの測定法 127
1 パーソナリティ・テストの利用目的 128
2 テストの満たすべき基準 130
3 質問紙法 131
4 投影法 138

第10章 パーソナリティの障害 143
1 何が異常行動か 144
2 心理診断――障害の分類 146
3 心理学的障害の例 147
4 心理学的障害と法律 159
5 犯罪の被害者と情報公開 160

## 補章　読者へのメッセージ

補章　読者へのメッセージ　161
1　17歳少年事件――最近の少年事件をめぐって　162
2　思春期・青年期の問題行動　164
3　自分を知るのはむずかしい　166
4　自己受容――自分を素直に認めること　170
5　自己分析のしかた　171
6　ペルソナ（建前）とアニマ（本音）　175
7　欲求不満耐性　177
8　欲求のバランス感覚　179
9　子どもには真剣に対応しよう　181
10　ボランティア活動のすすめ　183

文献　(8)
索引　(1)

装幀＝加藤俊二

# 第1章

# 心理学が誕生する前に、パーソナリティはどう考えられたか

# 1　ギリシア時代のパーソナリティ論

心とは何かを哲学的に考えた起源は、人間を含めた自然や世界がいかなる存在かを問題提起したギリシア哲学にまでさかのぼることができる。問題をパーソナリティの領域に限れば、性格類型を「体液説」によって唱えた、現代医学の祖ともいわれるヒポクラテス、そして相貌学《そうぼう》を唱え、人相学の元祖ともなったアリストテレスなどが先駆者としてあげられる。

## アリストテレスの観相術

最近、若者の間に動物占いによる性格判断が流行している。このような性格診断の流行は今に限ったことではなくて、はるか紀元前のギリシア時代の哲学者、アリストテレスも人びとの顔つきの問題をとりあげている。目が細くつりあがっていてキツネの顔を思わせる人はキツネの狡猾さをもっていて他人をだます人だとか、ライオンのような雄々しい顔をしている人は勇敢な性格の持ち主だとか、柔らかな毛の動物は臆病だから柔らかい毛髪

**図1－1** 動物による人相判断（ローラッヘル, 宮本訳, 1966）

の人間も臆病だなどというように、動物の外観との類似性から人の性格を類推するというものであった。この動物学的見方は非常に長い間受け継がれ、17世紀にはナポリのポルタによって『人相について』が集大成されている。そこでは、人間の顔がすべて動物の顔にたとえられ、比較されている（図1－1）。

## テオプラストスの『人さまざま』

アリストテレスの弟子だったテオプラストスは『人さまざま』を著し、そのなかで人のもっている性格傾向を鋭く分析して、30の性格特徴を記述している。現代心理学の用語に直せば、性格特性論にあたる先駆的成果といえるだろう。それらをあげてみると、「空とぼけ」に始まり、へつらい・無駄口・粗野・お愛想・無頼・おしゃべり・

噂好き・恥知らず・けち・いやがらせ・頓馬・お節介・上の空・へそまがり・迷信・不平・疑い深さ・不潔・無作法・虚栄・しみったれ・ほら吹き・横柄・臆病・独裁好み・年寄りの冷水・悪態・悪人びいき・貪欲である。

はるか時代を経た現代から見てもなかなかおもしろい面があるので、11番目の「いやがらせ」を引用してみよう。

**「いやがらせ」**

さて、いやがらせを定義するのは、むずかしいことではない。いやがらせとは、露骨で、無作法きわまる悪ふざけである。そこで、いやがらせをする人とは、およそ次のようなものである。

すなわち、淑女に出逢うと、自分の外衣をまくしあげて、隠しどころを見せびらかす。

また、劇場では、他の客たちが拍手をやめたときに拍手をし、彼以外のものたちが、うっとりとなって観ている俳優を、口笛で野次《やじ》る。そして、場内がしんと静まりかえっていると、席についている客たちを自分の方へふり向かせるために、頭をうしろへそらして、げっぷをやってみせる。

また、広場《アゴラ》に人びとの出さかっている時刻に、くるみ屋やてんにんかの店や果物屋に近づき、店の者に、なにくわぬおしゃべりをしかけながら、立ったまま盗み食いをする。そうして、その場に居合わせた人びとの誰彼かまわず、特別の知り合いでもないのに、その人の名を呼びかける。

さらにまた、どうやら急いでいるらしい人を見かけると、ちょっと待ちたまえ、と命じる。

さらにまた、大きな訴訟事に敗れて、法廷から退場してゆく人があると、近寄って、祝いの言葉をかける。

また、食べものを買い、笛吹き女を雇ったのも、じつは自分自身のためであるのに、人に出逢うと、手にいれた食物や女を見せびらかし、「さあ、こういうものが待っていますぜ」と招待をしてみせる。

また、床屋とか香油屋[1]の店先に立ちどまり、これからしこたま飲みに行くところでね、などと話して聞かせる。

また、母親が鳥占い師のところから家へ戻ってくると、不吉な悪態をついてみせる。

また、人びとが祈りをささげてお神酒を供えていると、盃を落として[2]、何か気の利いたことをしでかしたかのように笑う。

そしてまた、笛吹き女が笛を吹いていると、人びとのなかで自分だけが手拍子をとり、笛に合わせて口笛を吹き、笛吹き女に向かって、どうしてそんなに早くやめたのかと、毒づく。

そしてまた、唾を吐きたくなるときは、食卓越しに酌人に吐きつける。

［注］1　床屋や香油屋は、噂話に花を咲かせる当時の町のサロンであった。
2　盃を落とすのは不吉のしるしで、わざと人びとの狼狽ぶりを楽しんだ。

（森進一訳、51頁）

■ ガレノスの体液説

紀元2世紀の頃、ローマの医者ガレノスは、人の体内にある4種の体液、血液・胆汁・黒胆汁・粘液のうちのどれが優勢であるかによって気質が異なると主張した。血液が多いのは多血質（明るく陽気な気質）、胆汁は胆汁質（気が短い）、黒胆汁は憂うつ質（憂うつで、とり越し苦労）、そして粘液は粘液質（感情が弱く冷静、冷淡）とそれぞれ関係があるとみた。このような古典的類型論には、科学的根拠がないが、ギリシア時代の自然哲学は世界が四つの元素（火・土・空気・水）から成り立っていると主張していて、当時の時代精神の影響から、いろいろなものを4種に分類することが科学的な思想とみなされたのだといわれている。

## 2 ガルの骨相学

骨相学はドイツの解剖学者ガル（Gall, F.J., 1758-1828）が唱えた説である。彼は、頭蓋骨

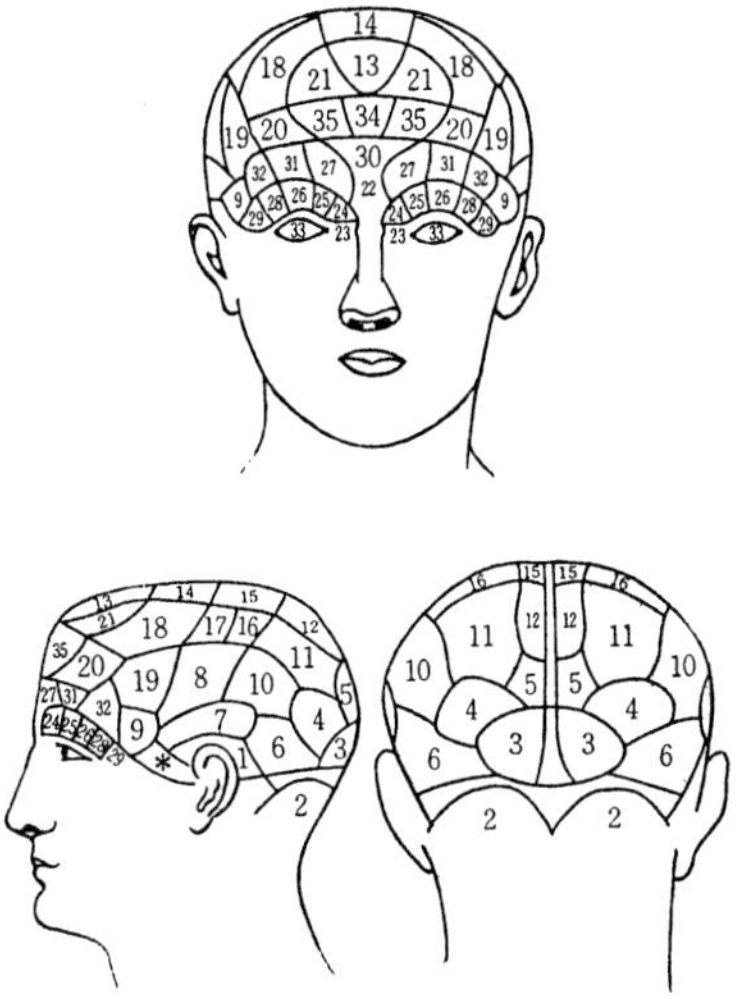

スプルツハイム骨相図
「心の能力と気管」

| 感情的能力 | | | | 知的能力 | | | |
| --- | --- | --- | --- | --- | --- | --- | --- |
| 傾　性 | | 情　操 | | 知覚的 | | 思慮的 | |
| | 食　慾 | 10 | 慎　重 | 22 | 個　体 | 34 | 比　較 |
| 1 | 破壊性 | 11 | 承　認 | 23 | 形　体 | 35 | 因　果 |
| 2 | 好色性 | 12 | 自尊心 | 24 | 大　小 | | |
| 3 | 愛児性 | 13 | 慈　愛 | 25 | 軽重, 抵抗 | | |
| 4 | 粘着性 | 14 | 敬　虔 | 26 | 色　彩 | | |
| 5 | 定位性 | 15 | 堅　確 | 27 | 位　置 | | |
| 6 | 闘争性 | 16 | 良心的 | 28 | 順　序 | | |
| 7 | 秘密性 | 17 | 希　望 | 29 | 計　算 | | |
| 8 | 獲得性 | 18 | 怪　奇 | 30 | 偶　然 | | |
| 9 | 建設性 | 19 | 理　想 | 31 | 時　間 | | |
| | | 20 | 陽　気 | 32 | 音　調 | | |
| | | 21 | 模　倣 | 33 | 言　語 | | |

**図 1 − 2**　骨相学（今田, 1962）

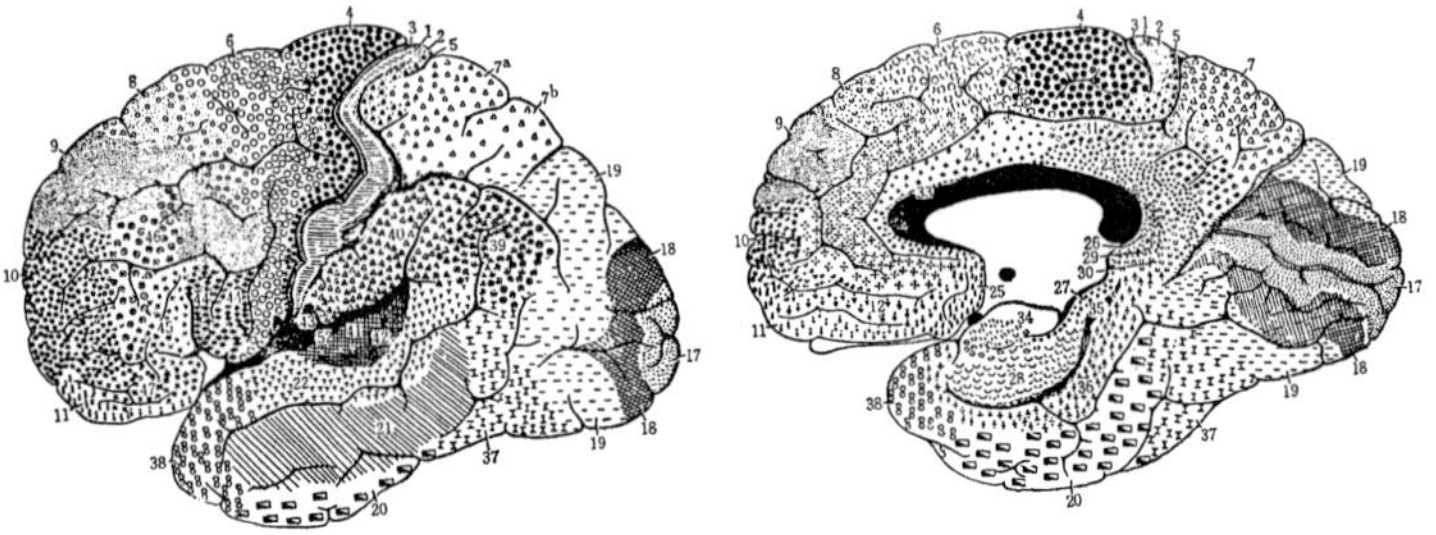

（a）外側面　　（b）内側面

**図1-3**　ブロードマンの脳地図（八木, 1970）

の形によって精神的な特徴や能力を知ることができると考えた。その主張の背景には、精神はいくつかの特徴や能力の集合であるが、これらは脳の特定の部分に関係しており、その脳の内部の形は頭蓋骨の外形に現れるとみる考え方があった。

ガルの共同研究者だったスプルツハイムはこの宣伝普及につとめ、19世紀前半欧米に広く広がった。図1-2はスプルツハイムが、頭の部位と能力との関係を35の領域に分けて図示したものである（今田、1962）。

現在は実証的根拠のあるブロードマン（Brodmann, W. J.）の脳地図（図1-3）が知られている。ガルらの骨相学は現代からみれば単なる思いつきに過ぎなかったが、しかしその後の大脳研究における大脳機能の局在説の先駆となったという意味で、歴史的意義を認めることができるといえるかもしれない。

心理学が誕生したのは19世紀後半にドイツでヴント（Wundt, W.）がライプチッヒ大学に心理学の実験室を開設したときとされている。パーソナリティに関する心理学的研究も、その後の実証的な研究の出現をまたなければならなかった。

第2章

# パーソナリティのさまざまな考え方

# 1　パーソナリティを定義する

パーソナリティ（personality）という言葉は、心理学が人間の性格や精神構造などについてどのように考えているかを示す心理学特有の概念（構成概念）である。この概念は現在までのところ、心理学者たちによって完全に意見が一致するまでにいたっていない。まだ研究途上にあるといえる。

たとえばオールポート（Allport, G.W.）は、神学、哲学、法律学、心理学などで使用されているパーソナリティという言葉の語義をたどったところ、49の定義を数えたが、彼の定義する50番目の定義が最も新しいと言った。この用語は、それほど多義的な意味合いをもって使用されているのである。

しかし、最近の多くの心理学者たちが認めているパーソナリティの意味は、「人の行動には、時（time）と所・状況（situation）に関係なく、一貫性（consistency）と独自性（distinctiveness）が認められる」というものである（Weiten, W., 1997）。

人びとはいろいろな時に、いろいろな所（状況）で、いろいろな行動をするようにみえても、その行動には一貫したものがあり、また他の人とは違ったその人なりの独自性があるといえる、ということである。パーソナリティの研究は、このような行動の「一貫性と独自性」をめぐる、いろいろな問題を説明しようとしている。

## 2 パーソナリティへの四つのアプローチ

人それぞれの行動の特徴がパーソナリティであり、パーソナリティは、人がどのように振る舞うかを決めている資質であるともいえる。このパーソナリティをどうとらえるかの研究アプローチには、以下に述べる五つの違った研究伝統があって、それぞれ魅力がある(Weiten, 1997)。

### ■ 精神分析学によるアプローチ

S・フロイトの精神分析学においては、意識よりも無意識のはたらきの方がより強調される。

またフロイトは、性と攻撃性を焦点とした葛藤が人の不安を生み出す重要な心理的メカニズムであるとし、それを理論化した。彼によれば、不安や罪に対する意識のような不快感をともなう感情は、主として自己をだますはたらきをもつ自我防衛機制（ego defense-mechanism）によって隠されている（補章4参照）。

また彼は、生後の最初の5年間がパーソナリティ形成にきわめて重要な影響を与えると信じた。そのなかでもとくに、親に対する子どもの心理的葛藤であるエディプス・コンプレックス（Oedipal-complex）の解決が、健全な精神の発達にとってたいへん重要なものと考えた。

ユング（Jung, C.）は精神分析から出発して独自の分析心理学を展開し、きわめて革新的でまた論争を呼んだ、人類に共通する無意識である「集合的無意識」（collective unconsciousness）という概念を提唱したが、彼はまた、内向性・外向性という人格特徴を提案したことで知られる。

アドラー（Adler, A.）も精神分析から出発したが、人がいかにして劣等感を克服し優越感を得ようと奮闘するかの心理を強調した。

精神分析学の理論は、無意識、内的葛藤、発達における初期経験の重要性など、心理学に大きな影響を与えた多くの洞察的な考えを提供してきた。しかし、これらの理論は、経験的な証拠に欠けること、また男性中心の視点に限定されていることなどの批判を受けている。

## ■ 行動主義のアプローチ

行動主義は、20世紀の前半にアメリカで起こった心理学の考え方で、心とか意識などというものは目に見えず科学的実験の対象とならないので、心理学の研究対象としては排除し、操作可能な表に現れた行動だけを研究しようというものである。そこで、どういう刺激を与えるとどう行動が変化するかに関心が集中し、外的はたらきかけの結果としての学習が強調された。パーソナリティももっぱら学習を通して形成されるとされた。たとえばスキナー（Skinner, B.）は、パーソナリティが特殊な刺激状況に結びつけられた反応傾向の集積結果であるとした。彼はパーソナリティの発達は、人生の長いプロセスにおいて学習によって形成され、また再形成されるものとみなした。

その後、行動の変化ということに重点をおきながらも、生体（人間や動物）の側が刺激をどのように受け取るか、という点が着目されるようになり、また、刺激も、単純なエサや賞罰のようなものだけでなく、もっと社会的な賞賛や罰、さらには他者の存在の影響など、実際の生活における状況に即した要因が刺激としてとりあげられるようになった。

こういう考えに沿って、社会的学習理論は期待・自己効率性などの認知的要因がいかにして行動の学習を規制するかを問題とした。バンデューラ（Bandura, A.）は、自分が実際に賞罰を受けなくても、「観察学習」によっていろいろなモデルからどのように反応すればよいかを覚えるのであると考えた。

パーソナリティに関する行動主義的アプローチは、厳密な実験に基礎をおいていて、環境的刺激要因と学習がどのようにパーソナリティの形成に影響するかについて大きな成果をあげた。しかしこのアプローチは、あまりにも動物研究に依存しすぎていたこと、生物学的要因を無視していること、厳密なあまりパーソナリティを断片的に研究しすぎていたことなどが批判されている。

## ■ 生物学的アプローチ

このアプローチは、パーソナリティの遺伝学的要因を強調する。たとえばアイゼンク（Eysenck, H.）は、条件反応の獲得にしても、その基礎には生理学的機能があり、それは遺伝的に規定されていてその個人差が結果に影響することを示している。遺伝的に等しい一卵性双生児は身体的特徴だけでなくパーソナリティにおいても類似しており、それはパーソナリティ形成における生物学的要因のもつ影響力の証拠とされる。

このアプローチは、学習も含めた環境と遺伝がどのような割合で発達に影響するのかを決定するのが方法論的にむずかしいという問題をもっていること、また生理学がいかにしてパーソナリティを支配しているかのについての組織的な説明モデルのないことが、批判を受けている。

## ■ 人間学的アプローチ

人間学的理論（humanistic theory）は、人がいろいろなことを行おうとする意識や理性を強調し、それに信頼をおく見方をしている。たとえばロジャース（Rogers, C.）は、パーソナリティの決定的な側面として自己概念をとりあげ、たとえば不安はこのような自己概念と現実との間の不一致によって起こると主張している。他方、マズロー（Maslow, A.）は、心理的健康は人間としての可能性を求める自己実現の欲求に向かって進むところにあるとみた。彼は、理想化された心理的健康としての個人的自己実現について述べている。

人間学的理論は、自己に関する主観的観点の重要性に照明をあてたこと、また健康なパーソナリティを助ける上で何が問題となるのかを解明しようとしたところに意味がある。しかし、その理論は実証的な研究の基盤に欠け、また人間を楽観的に見過ぎているなどの批判にさらされている。

## ■抽象的な個人から文化のなかの個人へ——文化とパーソナリティ

これまでの心理学研究は、パーソナリティを、個人個人の差異としてはとらえても、彼らがどういう社会、文化のなかで生を受け、生きているのかにはあまり関心を払ってこなかった。そういう意味では、地球上のどこでもない、抽象的な「個人」というものを考えてきたといえる。しかし、しだいに、文化とパーソナリティとの間にどのような関係があるのかに関心がもたれるようになり、多くの研究が行われるようになった。

こういう関心にもとづく研究は、研究者たちが「最頻《さいひん》パーソナリティ」(modal personality; Kardiner & Linton, 1945)、「国民性」などを問題とした1940年代から50年代の研究にさかのぼる。このような研究はS・フロイトの幼児期のしつけに由来する精神分析に大いに刺激されて活発に行われたが、あまり成功したとはいえず、その後衰退してしまった。

しかし最近になって、心理学の他の領域において比較文化的研究(cross-cultural study)が盛んとなり、パーソナリティ研究においても異文化間におけるパーソナリティの連続性と多様性に関する研究成果が増えてきて、文化とパーソナリティ研究のルネッサンスを迎えているようにみえる(Weiten, 1997)。

たとえば、パーソナリティの特性構造(trait structure)に文化を超えて連続性がみられ

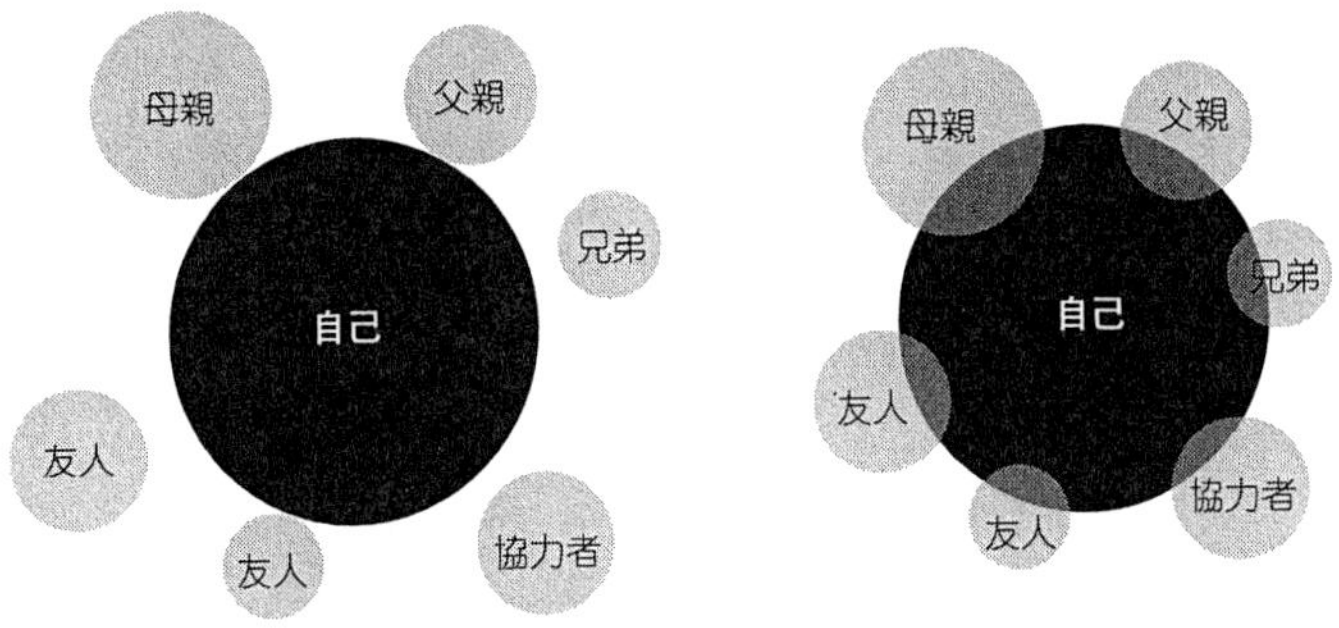

**図2－1**　自己意識の文化的差（Markus & Kitayama, 1991）

ると報告している研究や、パーソナリティ質問紙で文化を超えて同じ因子が得られたとか（Eysenck & Eysenck, 1983）、主要なパーソナリティ特性が文化に共通してみられるという報告なども、このような動向を示す例である（Paunonen et al., 1992; Stumpf, 1992）。

文化間の差異を見出した研究としては、たとえばマーカスと北山（Markus, H. & Kitayama, S. 1991）がある。彼らはアメリカとアジアの子どもの自己概念を比較して、アメリカの子どもの自己概念は「自立的自己システム」をもっているが、他方アジアの子どものそれは「相互依存的自己システム」をもっていることを見出した。

アメリカ文化は子どもに自己独立的な見方を養育する。そこでアメリカの子どもは自分の能力、才芸のような個人的属性によって自分を考えるように学習する。それゆえに彼らは、自分の独自性を誇張しがちになり、自分の能力も過大評価する傾向に陥りやすい。

他方、日本や中国のようなアジアの子どもは、他人と自己を基本的に結びつけることを強調する、自己の相互依存的見方を教えられる。彼らは友人、家族に依存し、これらの人びとに対しては控えめで他人を押しのけるようなことをしてはいけないと教わる。他人のなかで目立ってはいけないのである。他人との調和的な関係と集団の一員であるという誇りによって自己を規定することを覚えるので、自分自身に対する自己評価として個人的強さを強調する必要はないわけである（図2-1）。

# 第3章

# パーソナリティをどうとらえるか

パーソナリティをどうとらえるかは、どのような研究方法を採用するか、またその心理学的機能をどう考えるかによって多様である。そこでこの点に関するいくつかの基本的な見方をあげて、心理学におけるパーソナリティの考え方を最初にみておくことにしよう（Weiten, W., 1997）。

## 1　個性記述的理論と法則定立的理論

さまざまなパーソナリティ理論の主な違いの一つは、個人の独自性を強調するか、あるいは人びとの間の類似性を強調するかである。

個性記述的理論（ideographic theory）は個人を中心においてみる考え方で、個々人のパーソナリティの細部を描き、個人間の類似性はあまり重視しない。この立場の代表的研究者としては、オールポートや人間学的アプローチをとるロジャース、パーソナリティの構成理論（construct theory）を主張するケリー（Kelly, G.）などがいる。

他方、法則定立的理論（nomothetic theory）は、個人が個性的であることは認めるものの、そのパーソナリティの特性や次元は誰にでも一様に適用できる、と考える立場をとる。

パーソナリティの主要な次元を見出したキャッテル（Cattell, R.B.）や、アイゼンクらがこの立場に立っている研究者たちである。

## 2　パーソナリティへの類型アプローチと特性アプローチ

多くの理論家たちは、パーソナリティを記述するのに「特性」（trait）という概念を使用する。特性というのはいわばパーソナリティを構成する要素で、個人はこの要素の種類やその強度が異なると考えるわけである。この立場に立つ研究者たちは、特性がパーソナリティの安定した、また持続的な側面だと考えている。

たとえばキャッテルは、「活発な」「穏やかな」などの性格特性を表す言葉を４５０４語も収集し、それらを分類・整理して、最終的に35個の表面特性群にまとめた（第４章の２参照）。

アイゼンクも特性論に立つパーソナリティ理論家として有名である。彼は個々人を連続的に位置づけることができるパーソナリティの主要な二つの次元、「内向性 - 外向性」と「神経症 - 安定性」を提案した。アイゼンクやキャッテルらは多数の質問紙と行動観察のようなデータから得られたいろいろな得点を分析した結果を理論化しているという特徴がある。彼らは多重特性論（multitrait theory）者として知られている。

他に、オールポート、ギルフォード（Guilford, J.P.）なども、類似のアプローチの代表的な研究者である。

他方、パーソナリティの類型説を主張する研究者たちは、パーソナリティにはいくつかの典型、つまり類型があって、誰でもそのいずれかに分類できると考えている。このような類型論の最初の主張としては、ギリシア時代のヒポクラテスやローマのガレノスらが分類した「多血質」「粘液質」「憂うつ質」「胆汁質」がある（第1章）。

近代では、クレッチマー（Kretschmer, E.）、ユング、シュプランガー（Spranger, E.）などが、類型説の理論家としてよく知られている。

類型と特性とは一見似ているようにみえるが、まったく違う。類型は、いわば分類ボックスであって、ある人が特定の類型にあてはまるかあてはまらないかが問題になる。その類型にどの程度あてはまるか、ということは問題にしない。一方特性は、ほとんどの人が普通にもっていると考えられている要因であって、ただそれぞれの特性をどの程度強くもっているかに差がある。

## 3　パーソナリティは一貫しているか、状況に応じて変化するか

特性論者たちは、パーソナリティを全体として安定したものと考えている。したがって、人は異なるいろいろな状況にあっても同じようなやり方で行動するだろうとみている。仕事をしているときに正直な人は友人に対しても正直であり、攻撃的な人は、いろいろな場面で攻撃的に振る舞うと予想される。

このような特性論の見方に異論を唱えたのは、ミッシェル（Mischel, W.）である。彼は人の行動は個人の気質のようなものよりも状況によって左右されやすいとする状況特殊性という見方を唱え、特性論を、理論的にも統計的観点からも批判した。この見方は状況主義論的アプローチといわれる研究へとつながったが、今日では特性論と状況主義論との妥協的見方である「相互作用論」（interactionist approach）に注目が集まってきている。

## 4　下からデータを積み上げるか、まず上から理論をつくるか

パーソナリティを考察するのに、行動や態度のような観察可能な実証的資料を基にして考えようとする立場は、いわば、下からデータを積み上げて行く方法で、特性論的アプローチに典型的にみられる。他方、最初から精神構造のようなものを直感的に前提して、パーソナリティの構造はこうなっているに相違ないと提案するアプローチがある。これはまずその構造を理論的に提案し、その中身をどのように説明可能かを記述する形式をとるので、哲学的・思弁的だといわれたりする。

# 第4章

# パーソナリティを類型からみる・特性からみる

# 1　性格の類型

人の性格的特徴を分類できる質的・全体的な原理を直感的に見出して、いくつかの典型的な類型を取り出すのはたいへんに魅力的な考えであったらしく、すでに紀元前のギリシア・ローマ時代に現れている。

たとえば、ヒポクラテス、ガレノスらは人の体内には血液・黒胆汁・黄胆汁・粘液の4種の体液があり、これらのうちのどれが優位になるかによって性格類型を分類したことは、すでに第1章でも述べた。この体液説の現代版といえるものが血液型であるが、科学的根拠は希薄である。心理学的には、精神病患者を観察した直感にもとづく結果を統計的に扱ったクレッチマーが類型論の出発点になるとみられるが、そのほかにも、いろいろな類型論が提案されている（表4－1）。

## クレッチマーの生物学的類型説

クレッチマーは、精神病と体格との間に親近性があると予測し、8000名を超える多

## 表 4－1　類型論のいろいろ（北村, 1975 による）

| | 研究者 | 立場と出発点 | 関連局面 | 性格類型 |
|---|---|---|---|---|
| 生物学的性格類型 | クレッチマー | 精神医学的臨床から出発した、実証的・体質心理学的研究 | 体格と性格（気質）の親和性 | 躁うつ性気質・分裂性気質・粘着性気質 |
| | シェルドン | 三次元分布の変量による体型分布と、因子分析による気質特性の核集落の設定 | 体型的成素と気質的成素の相関性 | 内臓緊張性・身体緊張性・頭脳緊張性 |
| | フロイト | 精神病・神経症患者の診断・治療から出発した精神分析学的研究 | リビドー（性的衝動）の固着傾向による性格の形成 | 口愛性格・肛門愛性格・男根性格・性器愛性格 |
| | ユング | 精神医学的臨床から出発した〈分析心理学〉的研究 | リビドー（心的エネルギー）の流出方向（向性）による性格規定 | 外向性－補償的には内向－（思考型・感情型・感覚型・直観型）<br>内向性－補償的には外向－（思考型・感情型・感覚型・直観型） |
| 実験心理学的性格類型 | イェンシュ | 直観像現象の実験心理学的研究から出発 | 統合作用の程度・様相（核の所在）による〈人間存在の根本形式〉の設定 | $J_1$, $J_2$, $J_3$, $S$, $S_1$, $S_2$ 類型 |
| 精神科学的性格類型 | ディルタイ | 歴史的比較法による世界観の類型的考察から出発 | 世界観の類型と性格類型の対応 | 感性的人間・勇士的人間・瞑想的人間 |
| | シュプランガー | 精神生活の構造連関的全体性を捉える精神科学的心理学から出発 | 客観的文化価値に対する主宰的志向による無時間的な理想類型の分類 | 理論的人間・審美的人間・宗教的人間・権力的人間・経済的人間・社会的人間 |
| 社会科学的性格類型 | ミード<br>ベネディクト | 主として未開社会の文化人類学的研究から出発 | 欲求・衝動の社会化（文化の型の社会的学習）の過程と性格形成との関連－性格の文化的規定 | （集団的性格－最頻的性格）一定の社会の共通の文化の型の下における〈文化の所産〉としての共通性格－たとえば偏執病型、誇大妄想型 |
| | フロム | 新精神分析学的・社会心理学的研究 | 社会構造、その歴史的・社会的条件と性格の対応 | 受容的・搾取型・貯蔵型・市場型・生産型 |

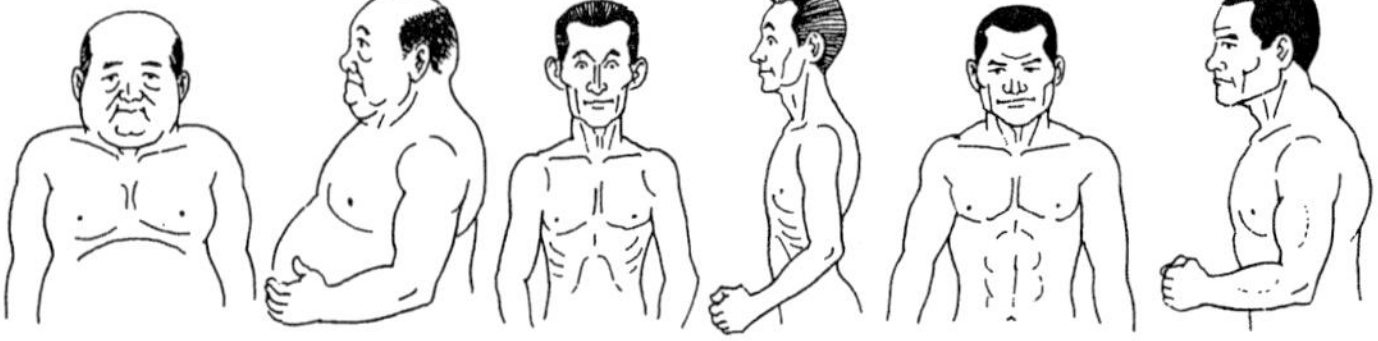


**図4-1a**　体型（Kretschmer, 1961）

**表4-2**　内因性精神病と体格（Kretschmer, 1956; 北村, 1975 による）

| 精神病＼体格 | 肥満型体格 | 細長型体格 | 闘士型体格 | その他 |
|---|---|---|---|---|
| 躁うつ病（1,361例） | **64.6%** | 19.2% | 6.7% | 9.5% |
| 分裂病　（5,233例） | 13.7% | **50.3%** | 16.9% | 19.1% |
| てんかん（1,505例） | 5.5% | 25.1% | **28.9%** | 40.5% |

数の患者の資料によって、精神分裂病と細長型、躁うつ病と肥満型との間に、また後にはてんかんと闘士型との間に、統計的な関係があることを見出した（図4-1a、表4-2）。

彼は性格的特徴と体格のこのようなタイプとの関係が、精神病だけに限られるものではなく、気質との間にも連続していると考えた。精神分裂病は、正常な領域の範囲内にある分裂気質の病的典型例であり、躁うつ病は躁うつ気質の誇張され極端化されたもの、そしててんかんは粘着性気質の誇張されたものとみたのである（図4-1b）。

クレッチマーの類型論を正常者の実証的資料によって立証したのは、シェルドン（Sheldon, W. H., 1942）である。彼は4000人の学生の体格を形態学的に分類し、それによって得られた

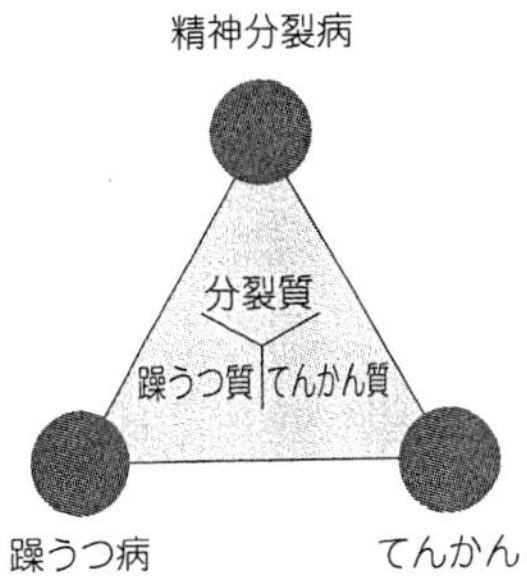


精神分裂病ー分裂気質ー分裂質、および躁うつ病ー躁うつ病質ー躁うつ質、という連続が考えられる。てんかんについても同様である。「──病質」というのは正常人と精神病者の中間である。

**図 4－1 b**　精神病と正常性格との関係（宮城, 1960 による）

**表 4－3**　シェルドンとクレッチマーの性格類型（大山, 1983）

| 身体的特徴 | 気質的特徴 |
|---|---|
| S　内胚葉型<br>（肥満型）<br>K　肥満型 | ・内臓緊張型<br>くつろぎ、安楽を好む、食べることを楽しみ、社交性がある<br>・躁うつ気質<br>①　社交性、善良、親切、暖み、活発、激しやすい<br>②　明朗、ユーモア、活発、激しやすい<br>③　無口、平静、気が重い、柔和 |
| S　中胚葉型<br>（骨格・筋肉型）<br>K　闘士型 | ・身体緊張型<br>大胆で活動的、自己を主張し、精力的に活動する<br>・粘着性気質<br>几帳面、重厚で融通性がない、安定、まわりくどい、ねばり強い、正直、ときに爆発的 |
| S　外胚葉型<br>（細長型）<br>K　細長型 | ・頭脳緊張型<br>控え目で過激、人の注意をひくことを避ける、安眠できず疲労感をもつ<br>・分裂性気質<br>①　非社交的、静か、控え目、変人<br>②　臆病、恥ずかしがりや、敏感、感じやすい、神経質、興奮しやすい、自然や書物に親しむ<br>③　従順、お人よし、温和、無関心、鈍感、愚鈍 |

S：シェルドン, W. H.　4,000人の男子学生（18～21歳）について調査
K：クレッチマー, E.　精神病者（精神分裂・躁うつ病・てんかん）について調査

内胚葉型・中胚葉型・外胚葉型の三形態と性格特性との関連性を調べ、内胚葉型 - 内臓緊張性、中胚葉型 - 身体緊張性、外胚葉型 - 頭脳緊張性の間にそれぞれ相関関係を見出し、クレッチマーの考えを支持する結果を得ている（表4 - 3）。

## ■ ユングの類型説

ユングは、外向性（extraversion）、内向性（introversion）を区分する「向性」の考え方を提示した。彼は人の基本的生命力としてのリビドー（libido）を性的エネルギーと考えるフロイト精神分析学の見方に反対し、これを心的過程の強度を示す心的エネルギーとみなした。このような心的エネルギーであるリビドーの向かう方向によって、人の性格を理解しようとした。

心的エネルギーが主として外界・環境の側に向いていて、それによって影響されやすい傾向を外向性といい、反対にそれが自分の内面に向かい、そこに関心が向かう傾向が内向性である。

外向性を示す人は、外界の側、環境の側に沿って考え、感じ、行動する。このような人は感情が良く発達していて、考えるよりも先に行動する傾向があり、環境によく適応し、実際的な活動を好む傾向がある。外向性の状態が習性的であるとき外向型の性格が生まれる。

**表 4－4**　基本的な記述特性によるユングのパーソナリティ類型
（モント, 1980; 八重島, 1986 による）

| 機能＼心的態度 | 内向的 | 外向的 |
|---|---|---|
| 思考 | 理論的、知的、非現実的 | 客観的、硬い、冷たい |
| 感情 | 無口な、子どもっぽい、無関心な | 激しい、興奮的、社交的 |
| 感覚 | 受動的、もの静かな、芸術的 | 現実的、官能的、愉快な |
| 直観 | 神秘的、夢想的、独自性のある | 幻想的、可変的、創造的 |

他方、内向性を示す人はこのエネルギーが外界の側には向かずに、考え方、感じ方、行動の仕方が常に自分の内面に即しているので、外部に対しては敏感ではあるが感情は表に出さず、引っ込み思案で思慮深い。この傾向が習性的となるとき、内向型の性格となる（表4－4）。

ユングはさらに、思考・感情・感覚・直観の4種の心的機能を区別し、この向性との関係から、結局次のような8類型をパーソナリティの典型としてあげた。外向的思考型・内向的思考型、外向的感情型・内向的感情型、外向的感覚型・内向的感覚型、外向的直観型・内向的直観型である。

ユングはまた、意識的態度と無意識的態度の関係を指摘していて、適応という観点からみてたいへん示唆的である。彼によれば、いわば人の意識的態度（ペルソナ）は他人に対して向けられており、いわば仮面である。この態度はその人の本心、本音の部分、いわば無意識的態度（アニマ、アニムス）を隠したり、犠牲にしたりしている。

したがって、意識的態度が外向型の人の無意識の世界では、内向的な面での無意識的態度が抑圧された状態にあり、また反対に、意識的態度が内向型な人の無意識的態度では、外向的面での無意識的態度が抑圧されていることになる。そして無意識のなかでは、それらの抑圧された傾向が「補償」の形をとって出現する。

このような意識的態度と無意識的態度との補償的関係の例は、日常よく経験する事実である。たとえば、内向的な人が事件を起こすと、その人を知っている人は決まったように「あのようにおとなしい人が、あんなことをするとはとても信じられません」と語る。

しかしユングの視点からすれば、このようなおとなしい「内向型」の人の無意識的態度では、表向きおとなしければおとなしいほど、そういう自分の行動表出の不十分さを何とかしなければという思い、「観念」が増幅しているのである。そして、おとなしさとそれに反発する本心が葛藤的関係にあるために、どこかでその不均衡を解消しなければならない。そのために、外向的態度が抑圧されるほど、内向型の人は極端に行動的な反応、人を驚かす反応を起こしやすいのである。おとなしい人ほど、その反動が大きいといえる。

## ■シュプランガーの類型説

シュプランガーは、人がどんな価値観をもって生活しているかの「価値志向」によって

表4－5　シュプランガーの類型説

| | |
|---|---|
| 理論型 | 事物を客観的に眺め、知識体系の追求に価値を見出す生活志向、実際問題には無力で生活感に乏しい。 |
| 経済型 | 経済的利点からの実用的価値より判断し、蓄財が生活の目的。 |
| 権力型 | 権力を握り、他人を支配することに価値をみる。 |
| 審美型 | 実生活に関心を示さず、芸術的活動に最高の価値をおく。 |
| 社会型 | 社会福祉活動に興味関心をもつ生活。 |
| 宗教型 | 聖なる者の恵みと救いの宗教的活動に最高の価値をみる。 |

生活形式が異なることに注目して、価値志向の理念的な6類型を提案した（表4－5）。

## フロムの類型論

新フロイト派といわれるフロム（Fromm, E.）は、社会への適応の型を自己と社会との間の関係様式のあり方からみて、受動的パーソナリティ、搾取的パーソナリティ、蓄積的パーソナリティ、市場的パーソナリティ、生産的パーソナリティに分けている（表4－6）。

## 類型論の問題点

このように、類型論は直感的原理を理論的背景にして、人の類型の典型・理想型を明示する形をとるのが一般的である。類型は、パーソナリティの全体的把握がしやすく、またわかりやすいという利点がある。

しかし、この見方には短所もある。まず、多様なパーソナリ

表４－６　フロムのパーソナリティ類型（水島, 1980; 八重島, 1986 による）

| 人格（構え）の類型 | | 自己と世界との関係の様式 | |
|---|---|---|---|
| 1. 受動的人格<br>受け止めるものはすべて自分の外から与えられると信じ、それを受動的に受け入れる。 | 非生産的 | 1. 道徳的マゾヒズム<br>弱さや無力をよそおい、他人に依存する。愛、献身、忠誠などが偽装してあらわれるが、本当の愛とはまったく別の物である。 | 共生的関係 |
| 2. 搾取的人格<br>他人から力と策略を用いて奪いとり、自分の欲求を満足させようとする。 | 非生産的 | 2. サディズム<br>1の道徳的マゾヒズムと相補的、銅貨の両面のような関係にある。相手を自分に依存させようとし、また相手を利用してやろうとする。 | 共生的関係 |
| 3. 蓄積的人格<br>貯蓄と節約に安定感を感じ、外界から得る新しい事物をほとんど何も信用しない。 | 非生産的 | 3. 破壊性<br>耐えがたい無力感、孤独感から逃れるために、それを感じさせるもの、すなわち比較の基礎となるものを取り除こうとする。 | 退行 |
| 4. 市場的人格<br>自分自身を商品とし、自己の価値を交換価値として体験する。 | 非生産的 | 4. 自動的同調性<br>他に同調することにより自他の区別や相違を否定しようとする。 | 退行 |
| 5. 生産的人格<br>本当に他人に対して愛のふれあいができる正常な人間。自分の力を使用する能力をもち、かつ生産的な潜在可能性を実現させる能力をもつ。仕事。 | 生産的 | 5. 愛と理性<br>配慮、責任、尊敬、および知識を含む生産性のあらわれ、愛する人の生長と幸福を積極的に望む。現象の全体、包括的普遍的特性に関心をもつ。客観性。 | |

ティを数種の類型に分類するために、多くの移行型、中間型が無視されやすい。また、パーソナリティのある一面が強調されるために、他の面が見逃され、「最近の若い者は……」式のステレオタイプな見方になりやすい。さらに、類型の見方は、パーソナリティのある一断面をとらえる静的、固定的な見方であるために、パーソナリティの成長、変化をみることができない。

## ■ 血液型と性格類型

ある報告によれば、大学生の8割以上がABO式の血液型によって人の性格が異なると信じているといわれる。テレビのワイドショーなどで、血液型が日常的に話題になっていることも、血液型の性格分類の普及にたいへん影響しているだろう。

血液型性格論は、昭和の初めに教育学者古川竹二が身近な人を観察して、同じ血液型の人は似たような性格があるという素朴な着想を得、若干の調査にもとづいて『血液型と気質』という本を出版して話題になったことに始まる。

当時の軍部はこの研究を軍人の適正配置や人事に応用し、また学校教育にも応用されるようになったが、すぐにこの説を否定する見解が現れて、その後は下火になっていった。

それが1970年代になり、マスメディアで血液型性格説がとりあげられ、再びブーム

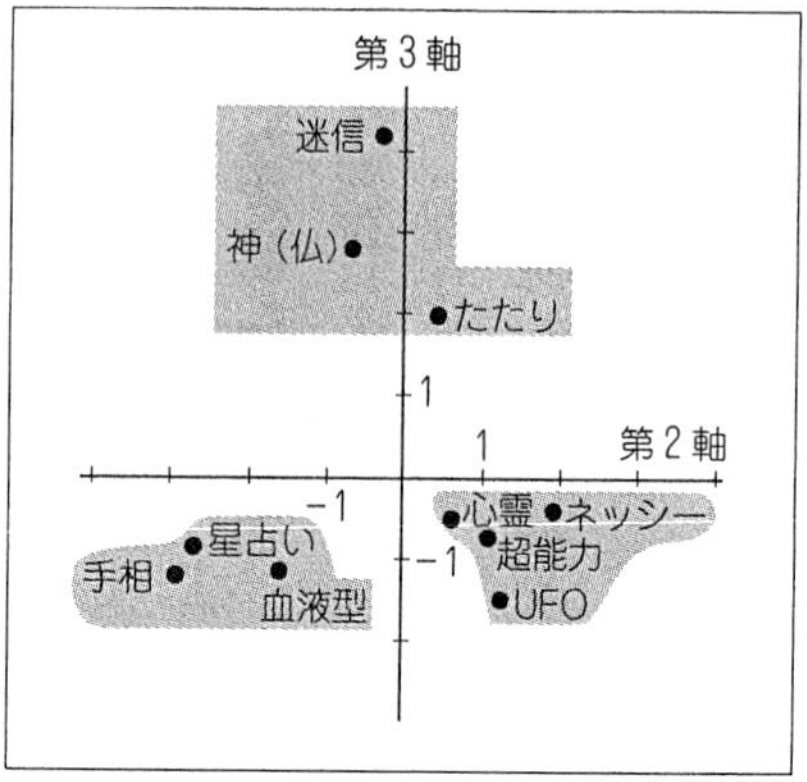


**図４－２**　神秘的な現象の信じ方（詫摩ほか, 1998）

をみたのは有名な事実である。心理学者たちの批判はあまり社会的関心を引かない現状で、今日でもテレビなどでよくとりあげられている。また新たな話題としては、動物による性格占いなども流行している。

心理学者たちの学問的な検討も行われている。たとえば詫摩ら（１９８５）は、血液型性格を記述した代表的項目を20種用意し、それらの記述が自分の性格にあてはまるかどうかを大学生６００名に判断させた回答を集め、被験者の血液型別に集計して四つの血液型との一致度をみたが、ほとんど統計的な関係は認められなかったと報告している。合わせて、別の性格検査も実施してそれとの関係も検討したが、四つの血液型との間には何も系統的な関係を見出せなかった。

ところがおもしろいことに、血液型性格論を信じる人と信じない人との間には、はっきりした違いがあった。それを信じる人は、「親和性（人と一緒にいたい）」、「社会的外向性（人付き合いがよい）」、「追従（権威のあるものや人に従う）」の欲求が、それを信じない人よりも強かったのである（詫摩、1985）。

血液型を信じる人びとは、手相や星占いの類と同じように、多くの人が信じているのであるから相応の根拠があるとみているようである。心理学は人の類型を科学的にとらえようとしているが、彼らの血液型に対する感覚は、この点で違っているのである（図4-2）。

## 2 パーソナリティの特性

類型説は、ドイツ・フランスの大陸の思想的伝統に由来し、素質を重視するとともに理論的観点が優先している。そして類型を個々の人にあてはまようとすると、どれもピッタリしないという難点がある。

これに対して英米において発達した特性説は、性格形成の決定要因は環境や経験に由来すると考える立場に立ち、経験論的・実証的に検証しようとする傾向がある。そこでは、「ものおじしない」とか「引っ込み思案だ」とかいうような経験的に実証可能な性格傾向を性格構成の基本的単位とみなして、このような性格特性の組み合わせによってパーソナリティを説明しようとする。またこのような性格特性は、多くの人に共通してあるもので、個人間の違いはある特性が強いか弱いかといった量的な差異に過ぎないとみている。そこで、そのような量的差異を測定する尺度を構成して個人間の比較をする形で、パーソナリティ特性を知ろうとする。

この目的のために、特性説ではパーソナリティを説明するのに必要な特性群の発見に努力が傾けられてきた。

## ■ キャッテルの特性

キャッテルは、人の性格特性を表す４５０４語の言葉を収集し、それらを整理統合して、最終的に35個の特性群（表面特性）に集約した。これらのリストを尺度にして因子分析にかけ、12種の因子を抽出した。彼はこれらの因子を表面特性の奥に隠れている根源（源泉）特性だとみなした（表４-７）。

その後彼は、一般にパーソナリティ研究者たちによって見逃されている能力、感情、動機づけ、学習などの機能を取り入れた質問紙によって16ＰＦ（16 personality factors）を発展させている。

**表4－7**　キャッテルの12の根源特性（Cattell, 1950; 詫摩, 1990 による）

| | 因子の名称 | 具体的内容 |
|---|---|---|
| 因子1 | 躁うつ気質－分裂気質 | クレッチマーの類型とほぼ同じ内容 |
| 因子2 | 一般的精神能力－知能欠如 | 聡明さ、思慮深さ、教養の高さと、愚かさ、無反省、粗野を両極とする一般知能因子 |
| 因子3 | 情緒安定性－神経症的情緒不安定性 | 情緒が安定した現実的生活態度と、不平が多く未成熟な神経症的傾向を両極とする因子 |
| 因子4 | 支配性・優越性－服従性 | 自己主張的、自信にあふれて高慢で外罰的な傾向と、服従的で自信にとぼしく内罰的な傾向を両極とする因子 |
| 因子5 | 高潮性－退潮性 | 快活、社交的、精力的、ウィットに富む傾向と、抑うつ的、悲観的、鈍重さをもつ傾向を両極とする因子 |
| 因子6 | 積極的性格－消極的性格 | 決断的で責任をとる態度と、移り気で軽薄でふまじめな態度を両極とする因子 |
| 因子7 | 冒険的躁うつ性気質－退えい的分裂性気質 | 冒険的で親切、率直で衝動的な傾向と、はにかみやで冷淡、秘密主義で抑制的な傾向を両極とする因子 |
| 因子8 | 敏感で小児的・空想的な情緒性－成熟した強い安定性 | 依存的で、空想的な傾向と、情緒が安定し、空想などに影響されない傾向を両極とする因子 |
| 因子9 | 社会的に洗練された教養のある精神－粗野 | 知的教養、洗練された感じ、芸術的趣味と、無反省、無作法、無教養を両極とする因子 |
| 因子10 | 信心深い躁うつ性気質－偏執病 | 信じやすく、ものわかりのいい傾向と、疑い深く、嫉妬深い傾向を両極とする因子 |
| 因子11 | ボヘミアン風の無頓着さ－月並みの現実主義 | 型やぶりで想像力に富むが、あてにならない傾向と、平凡でおもしろみはないが、手堅い傾向を両極とする因子 |
| 因子12 | 如才なさ－単純さ | 洗練された緻密さと、気のきかない、とりとめのなさを両極とする因子 |

## ギルフォードの特性

ギルフォードの提案した特性を利用して、それを日本人向けに実用化して広く利用されているのが、後述の「矢田部 - ギルフォード性格検査」である。このテストは12の特性群から成立していて、それぞれの評定値から性格類型がわかるように工夫されている（第8章3参照）。

## アイゼンクの特性 - 類型

アイゼンクもまた因子分析の手法を採用してパーソナリティを考えているが、彼がそこから引き出した結論は、パーソナリティは内向性および外向性の次元によって十分記述できるというものであった。大多数の人びとはこの次元の中ほどに位置づけられ、その両端に入る人は少ない。そしてこの内向性、外向性はどちらかにはっきり区別される類型ではなく、この二つの間は連続していて、前述の類型論のように分類されるものではないとする。

しかしアイゼンクは、パーソナリティの次元を類型とも関係づけ、内向性と外向性を、パーソナリティの4水準の階層構造モデルによって考察している。すなわち、人が日常的

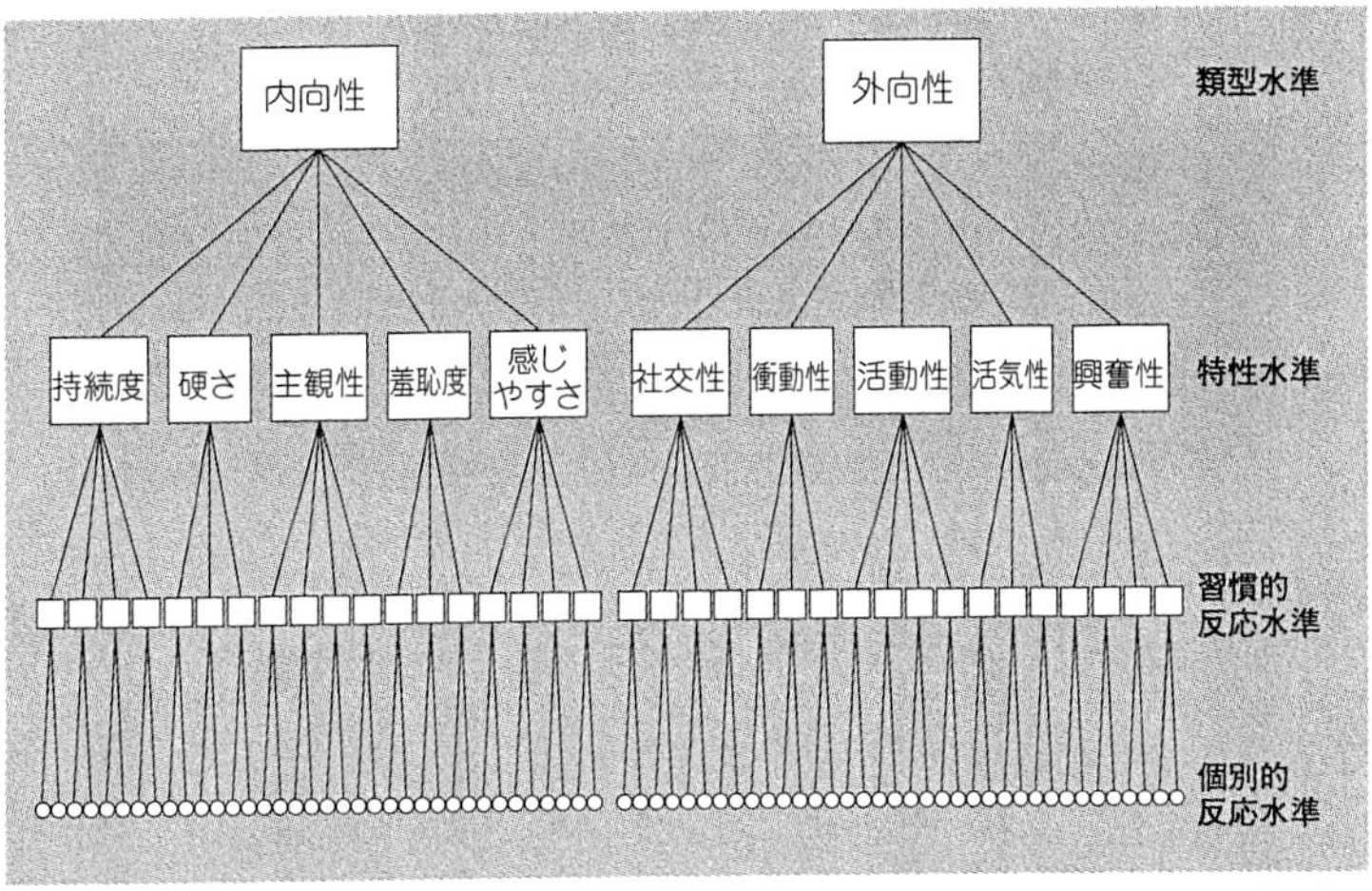


**図 4－3**　アイゼンクの特性－類型論（Eysenck, 1960, 石田ほか, 1995 による）

生活で表出する個別的な反応、それらの反応が習慣化した反応、いくつかの習慣化された反応のまとまりとみなせる特性水準の反応、そして最終的に特性が体制化された類型である（図 4－3）。

アイゼンクの説は特性説の不完全な点を補足し、さらに類型説と統合したものといえる。特性説はたしかにある人の、たとえば攻撃的という特性の程度を相対的に位置づけることができるが、どんな場合に何に対して攻撃的であるかは何も語っていない。ただその人のなかにはこの程度の攻撃性がありますよと抽象化しているに過ぎないから、特性説では生きたパーソナリティの理解には十分とはいえない。アイゼンクはこのような性格特性がさらに体制化された水

表4-8　ビッグ5の因子とその特性
(McCrae & Costa, 1987; Weiten, 1997 による)

| 5因子名 | 代表的特性尺度 |
| --- | --- |
| 外向性 | お話好き、社交的、冗談が好き |
| 神経症 | 不安な、罪悪感のある、自意識的 |
| 経験への開放性 | 冒険的、同調しない、好奇心が強い、想像的 |
| 同調性 | 同情心のある、温かい、人を信頼する、協調的 |
| 誠実性 | 道徳心のある、信頼できる、生産的、目的をもっている |

準として類型をとらえ、特性と類型との間に相補的な関係のあることを示した点に、理論的価値をみることができる。

## いわゆるビッグ5 (Big Five)

アイゼンクのパーソナリティ理論とキャッテルの理論は、ともに基本的な特性を抽出しており、かなり一致している面もある。そこで、この両者の統合をはかろうとする動きが特性理論家のなかから出てきた。そして浮かび上がってきたのが、「外向性 (extraversion)」、「神経症 (neuroticism)」、「誠実性 (conscientiousness)」、「経験への開放性 (openness to experience)」、「同調性 (agreeableness)」の5因子である。これら五つの因子は多数の異なる研究によって裏付けられているものもあるが、必ずしも一致しないものもあることが指摘されている。また、このビッグ5の特性は、特別な理論をもっているわけではない。それが日常語で記述されているためにわかりやすいこともあって、広まったという面はある（表4-8）。

## 3　単一特性説

主要なパーソナリティ理論は一般にパーソナリティ全体を扱い、そして多様な状況における行動を説明しようとしている。それに対して「単一特性説」は、行動に影響しているとみられるパーソナリティの特別な一つの側面の支配的な役割を強調する。

このようなものの一例は、あることがらの原因を自分の内部のせいにするか、あるいは運命や他人のせいなどにするかという自己認知における原因帰属に関わる特性である。たとえば、家庭が悪い、学校が悪い、社会が悪いとすべての原因を自分の周りのせいにする「外罰型」の性格特性と、反対に何でも自分の側に原因があるとみる「内罰型」の性格特性の人がいる。

別の例は「タイプA行動」の性格特性である。タイプAの行動特徴は、焦燥性、攻撃性、競争性、絶えず締め切りに追われている切迫性などにみられ、これらの特徴は多くの研究によって心臓発作の死亡と関連することが指摘されてきた。

単一特性説は、多重特性説のようにパーソナリティを包括的に把握してはいないが、実際的な有用性が示されたこともあって、パーソナリティの研究においてしだいにその重要性を増してきている。ここでは一番研究が盛んに行われている「場・独立性 - 場・依存性」と、とくにマスコミでも話題になった「タイプA行動」の単一特性説をとりあげよう。

## ■ 場・独立性 - 場・依存性

「場・独立性 - 場・依存性」は、人が考え、記憶し、知覚し、そして一般的に情報を処理する際のやり方に関係する認知スタイルの一つである。これはウィトキン（Witkin, H., 1949）らによって提案された。

彼らは被験者が暗室内で夜光塗料を塗られた棒の傾きを知覚し判断するテスト（rod frame test=RFT）の際に、自分の身体内の手掛かりを利用する人と、この棒が提示される際の枠のような外界の手掛かりを利用する人とに分かれることを見出した。彼らはこのRFTのほかにも、場・独立性 - 場・依存性を調べるいくつかのテストを開発した（表4 - 9）。

ウィトキン（1976）によれば、認知スキル、職業選択、社会的感受性などのような広範な領域で「場・依存性」 - 「場・独立性」と課題解決やパーソナリティとの密接な関係が認められている。

たとえば、認知スキルに関して、フランク（Frank, B.M. & Noble, J.P., 1984）らは、場・

表4－9　ウィトキンらによる場・独立性－場・依存性を調べるテスト

| | |
|---|---|
| RFT | 暗室の中で、発光する枠（100×100cm）とその枠内に提示される直線棒（95cm）を設ける。枠と棒が左右いずれかに一定の角度だけ傾けておかれた状態で、被験者は中の棒が垂直に見える位置に自分で棒の傾きを調整する。真の垂直から左右にずれた角度差が得点になる。この場合、場・独立性の高い被験者の方が、棒の垂直を真の垂直に近いようにセットした。 |
| BAT | 姿勢調整テスト（Body Adjustment Test=BAT）。被験者が暗室の中に腰掛け、部屋が左右に傾けられた状態のとき、自分の姿勢を垂直な位置に修正し直すテスト。場・依存性の高い被験者は、外部の手掛かりに依存する傾向があり、その結果、姿勢を部屋の角度に合わせるので判断に多くエラーが見られる。 |
| EFT | イー・エフ・ティー（Embedded Figure Test=EFT）。複雑な幾何学的デザインの中から、ある単純な幾何学的図形を発見するテスト。ウィトキンらは、ＲＦＴやＢＡＴでは個人差が大きすぎたので、これらのテストをあきらめて、新しいテストとしてこれを採用した。このテストでは、場・独立性の高い被験者は、図形の発見が早く、また容易であった。 |

独立性の高い被験者の方がアナグラムのやさしい問題でもむずかしい問題でも、どちらの場合でも解決が早いことを見出した。知能とは関係がなかったので、知能の差ではないといえる。

また職業選択では、「場・独立性」の高い人は、自分自身の内部的手掛かりに依存するために、論理的で分析的傾向があり、エンジニア、科学、実験心理学などの分野に多くみられる。彼らはしばしば、他の人からは野心的・冷静・思いやりに欠けるなどと思われている。他方、「場・依存性」の高い人は、周りに気を配り、他人と協調的である。このような人は、友好的・温かい・感受性が高い人と思われており、ソーシャルワーカー、小学校の先生、臨床心理学などの分野に惹かれて

表4-10　タイプA行動の質問紙（Weiten, 1997）

| | |
|---|---|
| 1. | 相手の話をせかせるか。 |
| 2. | しばしば同時に二つのことをするか（食べながら読むなど）。 |
| 3. | 空いた時間をゆっくりするのは、悪いことをしている気になるか。 |
| 4. | 同時にたくさんのことに関わってしまうか。 |
| 5. | 運転中、信号が黄色になると突っ切って行ってしまうか。 |
| 6. | ゲームやスポーツでは、喜びを得るために勝つ必要があるか。 |
| 7. | 普通、動いたり、歩いたり、食べたりするのが早いか。 |
| 8. | たくさんの責任あることを引き受けるのに同意するか。 |
| 9. | 並んで待ったりするのは嫌いか。 |
| 10. | 人生においてより良いポジションについて、他の人たちを印象づけたいという強い願望があるか。 |

（これらの項目の大部分に「はい」と答えた人は、タイプAについての本を読む必要があります。）

いる。

## タイプA行動

1960年代から1970年代にかけて、アメリカの心臓医学者であったフリードマンら（Friedman, M. & Rosenman, R., 1974）は、心筋梗塞、狭心症などの冠状動脈性心臓発作の要因を研究していて、この発作の危険度は、それまで考えられていた喫煙、肥満、運動不足などと必ずしも相関しておらず、むしろ彼らが「タイプA行動」と呼んだ性格特性と関係していることを明らかにした。

このタイプA行動のパーソナリティは、たいへん競争心が強い、辛抱強くなく時間切迫性がある、攻撃的で敵対心が強い、という三つの特徴をもつ点で、このタイプと反対の傾向をもつ「タイプB行動」のパーソナリティと異なっていた（表4-10）。

## 4　暗黙の性格観

心理学者の唱える性格の類型や特性は、それぞれの思想を反映していることはもちろんであるが、観察や実験にもとづいて導き出されたものである。他方、世間一般の人びとは、他人も自分に似たところがあるから同じ性格だろうとか、自分にはないものをもっている人だから性格もまったく異なるに違いない、というように、学者とは異なる他人に対する見方（対人認知）をもっている。

このような見方は、他の人の性格を推測する際の認知の枠組みとなって、他人に対する判断を誤らせることのあることが知られている（表4-11）。これは「暗黙の性格観（implicit personality theory）」といわれるもので、他人の能力・態度・身体的特徴・性格・価値観などをとらえるときにはたらく意識的・無意識的な素朴な性格論である。人はこのような素朴な暗黙の見方によって他人や自分をみている（表4-12、図4-4）。

最近のパーソナリティ理論は、このような人の素朴な対人認知を社会心理学の枠組みで考えるようになってきた。

**表4－11**　対人認知に生じやすいひずみ（詫摩, 1990）

| | |
|---|---|
| 寛大化傾向 | 人を評価するときに、より肯定的に評価しやすい傾向<br>（例：人事評価などで、評点を甘くしようとする） |
| 中心化傾向 | 人を評価するときに、極端な評価を避け、平均的な評価を下す傾向<br>（例：人事評価などで、極端によい評点や悪い評定を下さないようにする） |
| 対比誤差 | 自分がある性質をもっていると、似た性質をもった人のその性質を厳しく評価する傾向<br>（例：時間に正確な人は、待ち合わせた相手が数分でも遅れると、時間にルーズな人間と評価する） |
| ハロー効果 | 人をよい悪いの次元でとらえ、よい（悪い）とみれば、ほかのよい（悪い）性質ももっていると判断する傾向<br>（例：いったん相手の人柄を信じてしまうと、十分な情報もないのに、頭がよいとか、やさしい人であると思い込んでしまう） |
| 論理的誤謬 | 自分の知識にそって、ある性質をもった人は、ほかの性質ももっていると予想する傾向<br>（例：「眼鏡をかけた人は冷たい」という知識をもっている人は、初対面の相手が眼鏡をかけているとすぐに、冷たい人と判断する） |
| 傾性帰属傾向 | 他人の行動は、状況によって引きおこされたのではなく、本人の本来もっている性質によっておこされたと思い込む傾向<br>（例：ある人が車の欠陥のために事故をおこした場合でも、車や状況のせいではなく、本人の過失によるものだと判断されやすい） |

**表 4－12**　暗黙裡の対人認知における相貌特徴と性格の関係（北尾ほか, 1997）

| 群 | | 性格特性 |
|---|---|---|
| 第Ⅰ群 | 骨の細い、色の白い、顔の小さい<br>顔のきめの細かい、眉の細い、耳の小さい<br>鼻の穴の小さい、唇のうすい、口の小さい | 消極的な<br>心のせまい<br>内向的な |
| 第Ⅱ群 | やせた、背の高い<br>面長の<br>鼻の高い | 知的な |
| 第Ⅲ群 | 背の低い、血色の悪い、額のせまい<br>目の細い、目の小さい、まつ毛の短い<br>鼻の低い、口もとのゆるんだ、歯ならびの悪い | 責任感のない |
| 第Ⅳ群 | 髪の毛のかたい、顔のきめの荒い<br>眉の逆八の字型の、あがり目の<br>ほおのこけた、かぎ鼻の | 無分別な、短気な<br>感じの悪い、不親切な<br>親しみにくい |
| 第Ⅴ群 | 髪の毛のやわらかい<br>眉の八の字型の、目のまるい<br>ほおのふっくらとした | 感じのよい<br>親しみやすい<br>親切な |
| 第Ⅵ群 | 血色のよい、額の広い、目の大きい<br>まつ毛の長い、鼻のまっすぐな<br>口もとのひきしまった、歯ならびのよい | 分別のある<br>責任感のある<br>外向的な |
| 第Ⅶ群 | 太った<br>丸顔の<br>さがり目の | 心のひろい<br>気長な<br>知的でない |
| 第Ⅷ群 | 骨太の、色の黒い、顔の大きい<br>眉の太い、耳の大きい<br>鼻の穴の大きい、唇の厚い、口の大きい | 積極的な |

**図 4－4**　暗黙の性格観（北尾ほか, 1997）

# 第5章

# パーソナリティのダイナミックな構造を探る

類型論や特性論はパーソナリティを静的にとらえようとするアプローチであるのに対して、パーソナリティをもっとダイナミックな（力動的な）構造としてとらえる考え方がある。その代表は、レヴィンの場の理論やフロイトの層理論などである。

## 1　レヴィンの場の理論

レヴィン（Lewin, K.）は、人の行動（B）は人（P）と環境（E）との力学的な関数関係にあるとし、それをB=f（P, E）と数学的に表現した。彼は当時の心理学が静的、モザイク論的であることを批判して、人の心のはたらきやパーソナリティの力動性を強調するとともに、それを物理学や数学の磁場、ヴェクトル、トポロジーといった概念を使って表現した。

彼はパーソナリティを一つの楕円形にたとえている。この楕円形は「周縁領域」と「内部領域」に区分され、周縁領域には、知覚‐運動機能がある。さらに内部領域は「周辺領域」と「中心領域」に分かれ、それぞれ幾何学的な曲線（ジョルダン曲線）によってトポロジカルに分節化されている。

このように中心部と周辺部からなる環状的な領域層を想定しているのは、欲求のような内的領域の出来事も身体運動によって初めて外部環境へのはたらきかけることができ、また外部の変化が内的領域に影響するときも、この知覚‐運動領域を経由しなければならないからである。

内部領域の分節化された個々の領域は、それぞれの心的活動領域を示している。周辺部分の領域には表面的な興味や社会化された習慣などが含まれ、中心領域には職業や自己の主要な活動、無意識、自我などが存在する。この分節は発達によっても、またその人の状態によっても、力動的に変化する。

人の発達の程度は、この「ジョルダン曲線」によって分節化された領域の数が増加することである。知的障害などによって発達遅滞が生じれば、領域数が暦年齢に相応しない少ない分節数に止まる。

また、このような内部構造は、同一人内では比較的恒常性を保っているが、それは環境との関係が比較的安定している場合であって、それに著しい変化が起これば構造も変化する。たとえば、人が恐怖に襲われたときには、内部の分節が無効になり、内部全部が一つの恐怖領域という緊張にとって代わられる（図5‐1、2）。

さらに、性格の違いは、分節を隔てる壁の通り抜けやすさで説明される。硬い性格の人

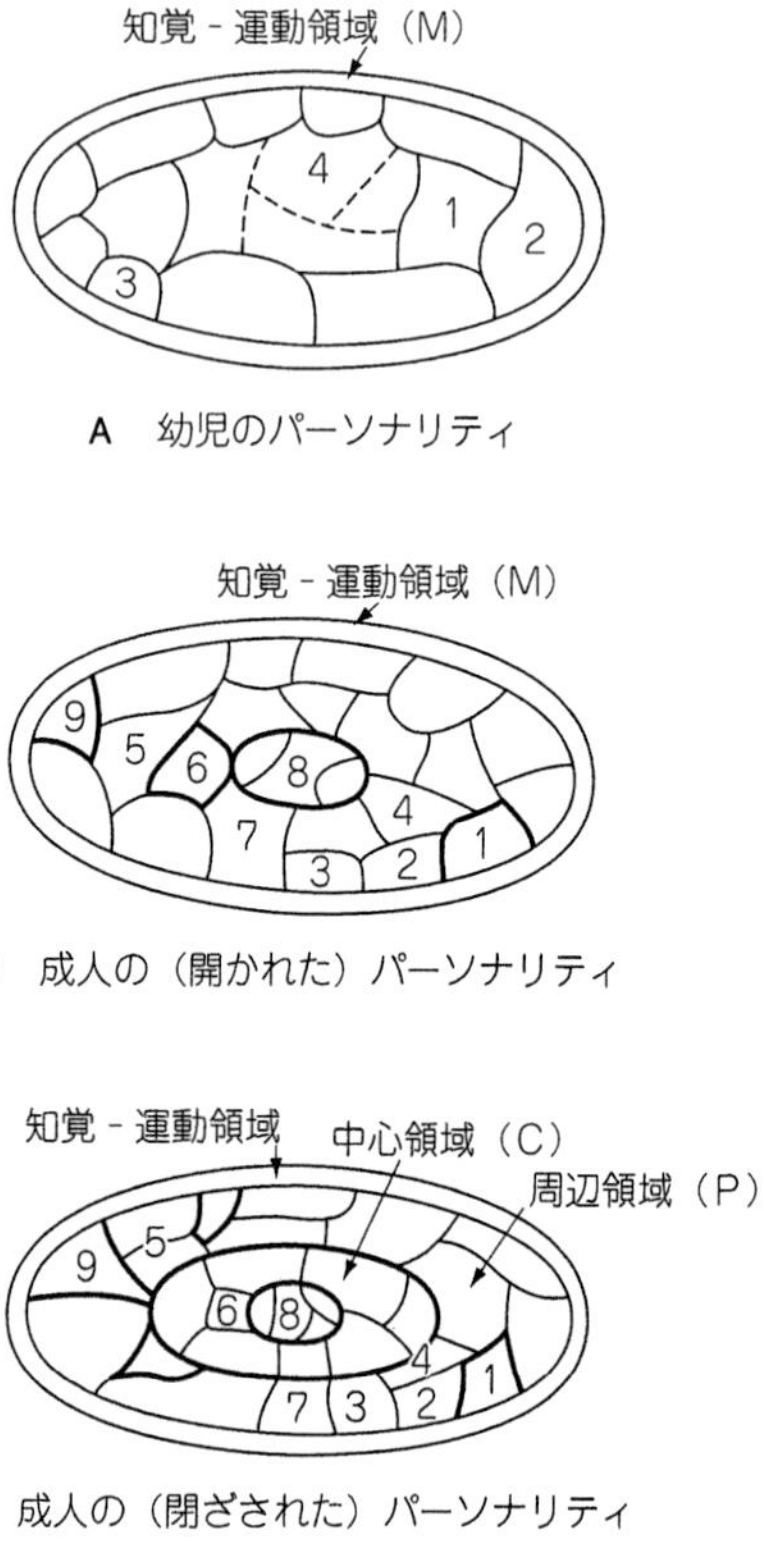

B　成人の（開かれた）パーソナリティ

C　成人の（閉ざされた）パーソナリティ

**図 5 - 1**　レヴィンのパーソナリティの構造
（Stagner, 1948; 北村, 1975 による）

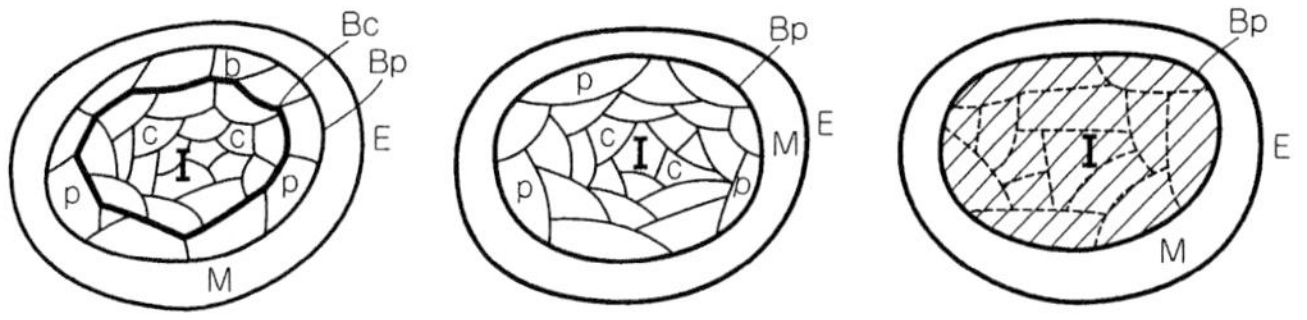


（a）　　　　　（b）　　　　　（c）

**図5-2**　異なる状況における内的構造の変化（Lewin, 1936; 北村, 1967 より）

（a）は気楽な状況。内的領域Ｉの周辺部分pへは外部環境Ｅからたやすく近づきうる。しかし中心的部分ｃへの接近はそれほど容易ではない。また、内的領域Ｉは比較的自由に運動領域Mに影響する。（b）は緊迫状態、自己制御状態。内的領域Ｉの周辺部分pへの接近は（a）におけるほど容易ではないが、周辺的部分と中心的部分（pとc）はより密接に結合している。一方、ＩとMの疎通は（a）より自由ではない。（c）はきわめて高い緊張下の状況、内的領域Ｉの単一化（原初化、「退行」）を示す。
Mは運動知覚領域。Ｉは人の内的領域。pはＩの周辺部分。cはＩの中心的部分。Eは環境。

は内的分節間の壁が厚く、ある心的活動から他の活動へと容易に移れない。

国民性の違いも、この内部構造の違いによって説明されている。たとえばアメリカ人は周縁領域と内部領域の境の壁は薄いが、内部の周辺領域と中心領域の壁が厚く、普段は非常に開放的だが心の深部はなかなか明かさない。一方ドイツ人は、周縁部と内部領域の間の壁が厚くなかなか打ち解けないが、周辺領域と中心部の間の壁は比較的薄く、いったん打ち解ければ深い交流ができやすい。

## 2　フロイトの構造説

フロイトによれば、パーソナリティは、イ

ド（エス）（id, Es; 個人の本能的衝動）、自我（ego, Ich）、超自我（super-ego, Über-Ich）の3分節からなり、それらの相互関係の力動性の観点からとらえられる。

イドとは「第三者」という意味で、人の心のなかにありながらその人の意思のままにならない本能的衝動である。その性質は「快楽追求の原則」に従い、本能のおもむくままに活動しようとしている。他方、自我は現実に接触していて、「現実原則」に従いながらイドの要求をも満たそうと、この間を調整するはたらきをする。つまり自我は、衝動の一時的中断をはかったり、代償的行動に変えたり、将来の大きな満足のために現在の欲求充足を延期したりするなど、現実的な行動をするようにするはたらきをする。超自我は、自我を社会的・道徳的な観点から監督する役目を果たすもので、幼児期の両親のしつけに始まり、主として教育によって社会的に身につけられたものである。自我の監視、審判のほかに、自我理想の保持などの機能ももっている（図5-3）。

このパーソナリティの構造は、また、意識と無意識の観点からみることもできる。フロイトは、当時の心理学が心とは意識であると定義したことを批判し、無意識の存在とその果たす役割の重要性を強調した。彼によれば、心は意識・前意識・無意識の層からなっており、イドは無意識のはたらきである。自我と超自我は意識的であるが、自我のはたらきの一部は意識と無意識の中間にあり、前意識と呼ばれる。無意識の領域はなかでも広大で、

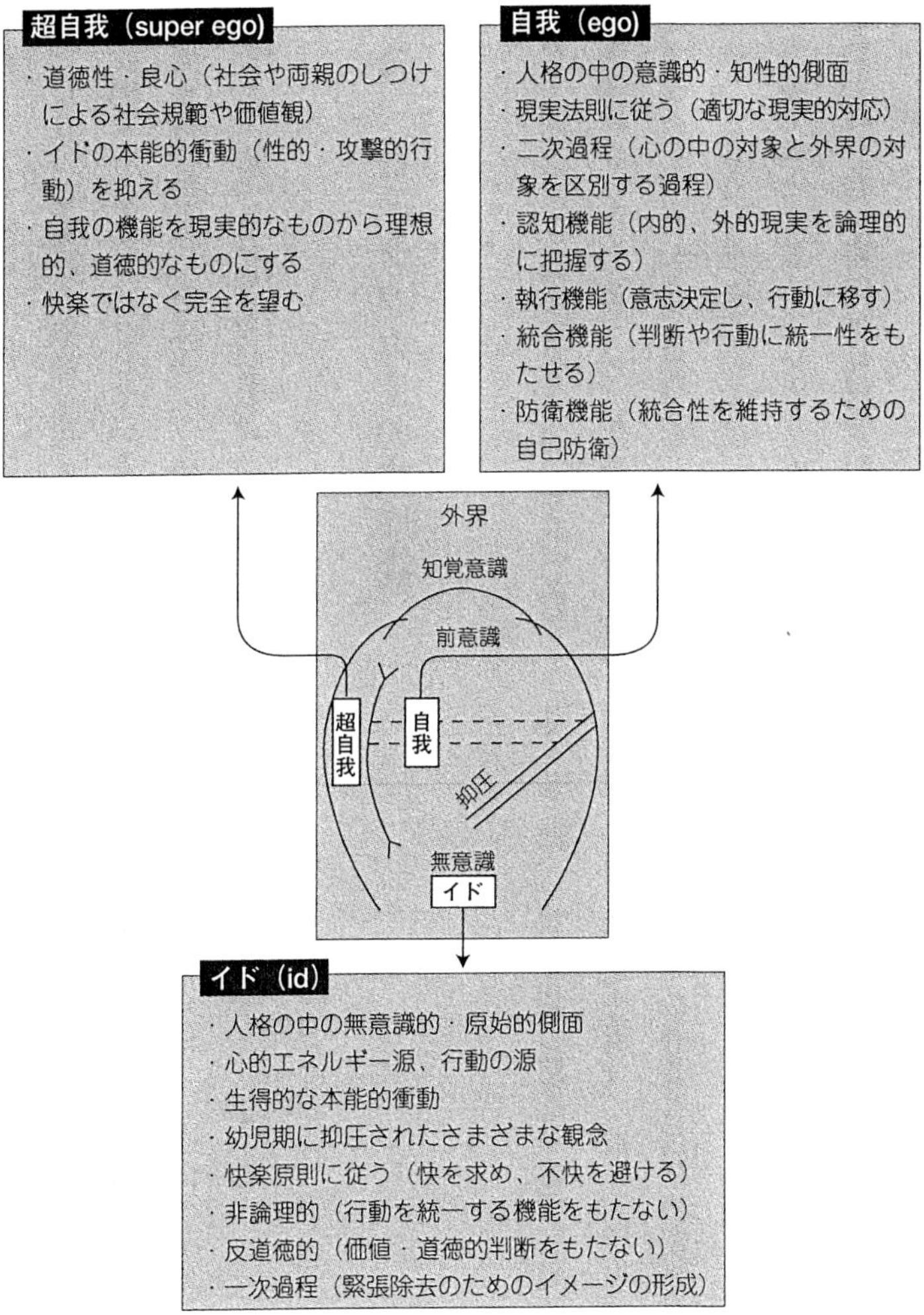
超自我（super ego）
・道徳性・良心（社会や両親のしつけによる社会規範や価値観）
・イドの本能的衝動（性的・攻撃的行動）を抑える
・自我の機能を現実的なものから理想的、道徳的なものにする
・快楽ではなく完全を望む
自我（ego）
・人格の中の意識的・知性的側面
・現実法則に従う（適切な現実的対応）
・二次過程（心の中の対象と外界の対象を区別する過程）
・認知機能（内的、外的現実を論理的に把握する）
・執行機能（意志決定し、行動に移す）
・統合機能（判断や行動に統一性をもたせる）
・防衛機能（統合性を維持するための自己防衛）
外界
知覚意識
前意識
超自我
自我
抑圧
無意識
イド
イド（id）
・人格の中の無意識的・原始的側面
・心的エネルギー源、行動の源
・生得的な本能的衝動
・幼児期に抑圧されたさまざまな観念
・快楽原則に従う（快を求め、不快を避ける）
・非論理的（行動を統一する機能をもたない）
・反道徳的（価値・道徳的判断をもたない）
・一次過程（緊張除去のためのイメージの形成）

**図 5-3**　フロイトのパーソナリティ構造（詫摩, 1990）

しかも本人が意識していないにもかかわらずその人の行動を左右するほどの力をもっている。自我は前意識の領域で絶えずイドの動きを検閲し、現実原則に合わない欲求を押さえ込んだり、変形したりしているわけである。この前意識と無意識との間の壁は厚く、通常は無意識の世界に意識が入り込むことはできない。フロイトによれば、この間の疎通には精神分析の力を借りなければならない。

## 3 ロータッカーの成層説

ロータッカー（Rothacker, E., 1952／北村、１９７０）は、人の大脳の構造が新脳と旧脳の層構造になっているという生理学的な根拠と心のはたらきを対応させて、パーソナリティを下層と上層からなる層構造として考え、二つの構造間の生理学的興奮と抑制の関係が心のはたらきに対応するとした。

旧脳に相当するパーソナリティの下部構造である下層は「深部人」（Tiefenperson）の層といわれ、最下層の生命層から上の層へ、植物層、動物層、情緒層が積み上げられている。この下層は生物としての人間の層であって、本能的行動を反映する動物的な、原始的な機能が配置されている。他方、パーソナリティの上部構造である上層には、幼児からの教育・しつけなどによって形成された傾向性、性格のようなものが位置されている人の層（Person）と、最上層には、思考・意思などの主体としてはたらき、また人の層や下層の動物性の表出にコントロールを加える自我層（Ich）がある。

成人のパーソナリティにおいては、これらの諸層間の機能が調和的にはたらいている。上部構造である新脳は発達的には旧脳の後に発達したものであるから、たとえば飲酒した場合など、旧脳よりも先に機能低下したり、損傷を受けたりしやすい。このように上層の抑制力が低下したり一時的に喪失したりすると、下層の興奮が優勢になり非合理性や小児性が現れる。

# 第6章

# 自分という意識——自我と自己

自分をコントロールしている中枢は何だろうか。ギリシアの昔から、多数の哲学者や心理学者がさまざまに考えてきた。

これまでみてきたように、多くのパーソナリティ理論は、その中核に自我（ego）の存在を想定している。現代では脳における神経伝達物質に自我のはたらきを求める神経学的な主張もなされているが、このような生理機能の全体像が科学的に解明されるのは未だ先の話である。

いずれにせよ、人を最終的にコントロールしているのは、自我意識やフロイトのいう超自我の機能であると考えられており、そしてこのような機能に障害がある患者から、自我意識が正常であるためにはどのようなはたらきが必要であるかが研究されてきた。

# 1　ヤスパースの自我機能の4指標

## ■ 自我の能動性の意識

ヤスパース（Jaspers, K.）は、自我の機能に4つの指標があるとした。自我の能動性の意識というのは、自分の行っている行動を自分の意志で行っているという意識である。正常なときには、自我は知覚するもののなかから、最も関心をもつものに注意を向け、観察し、そしてそれにうまく対応する。しかしこの機能が冒される症例があり、そのような例には実行意識の喪失・作為体験・強迫体験などがある。次の例は、自分の実行意識が希薄になったケースである。

**【症例】** 離人症（女子、20歳）（井上、1968、以下の症例も同じ）

私は荒涼とした世界に自分ひとりだけで住んでいる感じでした。自分が行ったり、話したりすることに対して全然、実感がないんです。朝、目がさめて、自分が学校に行かなくてはいけないことは知ってますが、なぜか感じがピーンとこないんです。電話をかけても、自分がかけているという実感がありません。鉛筆をもって何か書いていても、持っているという感じがしないんです。こんな状態が苦しくて、亜砒酸を飲んで死のうとしたときも、お茶を飲むように別になんとも感じませんでした。

## ■ 自我の単一性の意識

これは、自我が一つであるという意識である。この機能に障害が発生すれば、自我が分裂したり、自我が重複したりするような体験をすることになる。

**【症例】** 自己分裂（女子、27歳）

私は本当の自分がどこかへ行ってしまったのです。私は自分で自分に呼びかけています。私は歩けば歩いただけ、自分が分かれてしまうんです。方々に自分をおいてきてしまうんです。本当の自分がどこにいるのか、自分というものがはっきりしません。自分がバラバラになるというのは、自分が家にもあり、ここにもあるというよりは、行くところ、いるところにあるんです。座っているときはあまり感じませんが、立って歩き始めると、自分が二つに裂けてしまうんです。二つに分かれた両方に私がいます。だから影が変なんではないかと思います。

## ■ 自我の同一性の意識

時間が経過しても、自我は同一であるという意識である。この障害を受けると、自己に対する時間的記憶・連続性を保持できなくなってしまう。

**【症例】** 男子（19歳）

19年間、自分がのびてきたものは、めちゃめちゃになりました。それは止まってしまい、崩れてしまいました。これからは、全然のびもしないでしょう。魂も知能も荒廃したという感じです。去年の秋以前の自分とは、連続性がないような気がします。過去の記憶というものは、感情的な肉をもった記憶ではありません。

## 自我と他者・環境との区別の意識

自分と環境との間には歴然とした分離があって、その間には一線が引かれているという意識である。これが失われると、自他の別の希薄化、環境との異常な同一化、実在感の喪失、あるいは環境との関係を妄想的に知覚したりする異常な体験などをもつことになる。

**【症例】** 妄想知覚（男子、19歳）

眼の治療で東大病院に行ったとき、時計台の時計が止まっていました。それを見た瞬間に、これは、日記の内容が世の中に知れわたったからだと思いました。また叔母の家に行ったとき、サングラスをかけた男が入ってきました。そのとき、これは自分を試しているんだな、油断できないと思いました。

## 2　自我と自己

### 自己概念

人の心的活動や行動は、そのすべてが意識的活動や行動として経験されるとは限らないが、自分が行った行動として意識されるのが「自我意識」である。

このような自我意識を、北村（1960）は、「主体としての自我」と「客体としての自己」に便宜的に分けて考えている。自我は自ら主体として体験する意識であり、その自我が、いわば自分で自分を観察し、自我によって客体化してとらえられたのが自己である。

自我が発達してゆく過程で、人はさまざまな体験内容に満足感を得れば「自我拡大感」を得、また不安・不満などを経験すれば「自我縮小感」を味わう。こうしたいろいろな経験に一体感を経験し、それが自我と同一視されて「自己」として取り込まれてゆく。

このようにして自分のなかに取り込まれる自分のイメージが「自己概念」「自己像」と呼ばれるものである。このような自己のなかに編入されたり再編されたりして取り込まれる主要なイメージには、身体像（body image）／自分の感情・情操、思考・意思／才能・

性格／主義・主張、生活習慣、処世術／地位・身分・職業とこれらに対する社会的評価／家族・所属集団、国家、自分の所有物・製作物／自分に対する全体的観念である「自己観・自己概念」(self-concept)、「自己像」(self-image) がある (北村、1975)。

### ■自己に関する言葉

心理学の本には、自己に関する用語がいろいろと現れる。たとえば、自己 (self)、自己見積もり (self-estimation)、自己同一性 (self-identity)、自己像 (self-image)、自己知覚 (self-perception)、自己意識 (self-consciousness)、自己心像 (self-imagery)、自覚 (self-awareness)、自己配慮 (self-regard)、自己尊敬 (self-reverence)、自己受容 (self-acceptance)、自己尊重 (self-respect)、自己価値観 (self-worth)、自己感情 (self-feeling)、自己評価 (self-evaluation) などがあげられる (榎本、1998)。

しかしながら、いずれにしても自己概念は「自分自身についての知覚であり、組織的、多面的、階層的、安定的なものであると想定して研究対象とすることができる」と考えられている。

## 3　自己概念の構造を調べる

因子分析などが心理学の研究に採用されるようになって、自己概念の構造を多面的、階層的に探る研究が多く行われるようになった。たとえばマーシュとシャベルソン（Marsh, H.W. & Shavelson, R.J., 1985）は、図6－1のようにモデル化している。

マーシュたちは、自己概念の多面性を、自己叙述質問紙（ＳＤＱ）を用いて測定している。自己概念は発達段階に応じてその構成要素が変化するので、同じ質問紙で発達のすべてを網羅することはできない。そのため、発達段階によって異なった質問紙が開発されており、子どもを対象としたＳＤＱ－Ⅰ、青年期用のＳＤＱ－Ⅱ、青年後期成人前期用のＳＤＱ－Ⅲがある（図6－2）。

例として、シャベルソンら（Shavelson, R.J. et al., 1976）の学業的自己概念のモデルと、バーンとシャベルソン（Byrne, B.W. & Shavelson, R.J., 1996）の社会的自己概念のモデルを見てみよう。いずれも、提案されて以来いろいろな改定が行われてきたが、比較的新しいモデルを図6－3と図6－4に示す。学業的自己概念としての言語的自己概念と数学的自己概念

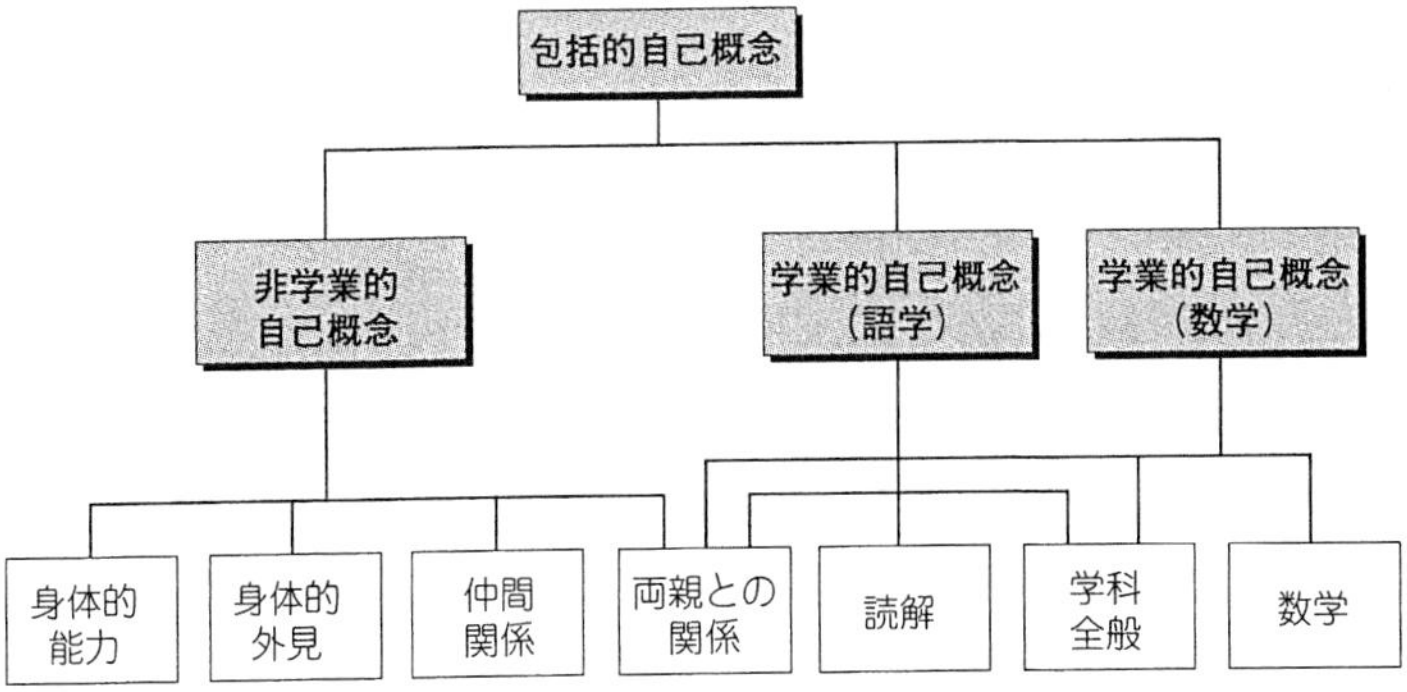


**図6-1**　マーシュ／シャベルソンの自己概念モデル
(Marsh & Shavelson, 1985; 榎本, 1998 による)

| SDQ-Iの8因子 | SDQ-IIの11因子 | SDQ-IIIの13因子 |
|---|---|---|
| 身体的能力 | 身体的能力 | 身体的能力 |
| 身体的外見 | 身体的外見 | 身体的外見 |
| 仲間関係 | 仲間関係一同性 | 仲間関係一同性 |
| 両親との関係 | 仲間関係一異性 | 仲間関係一異性 |
| 言語能力 | 誠実・信頼 | 誠実・信頼 |
| 数学能力 | 情緒安定性 | 情緒安定性 |
| 学科全般 | 両親との関係 | 精神的価値観・宗教 |
| (包括的自己概念) | 言語能力 | 両親との関係 |
| | 数学能力 | 言語能力 |
| | 学科全般 | 数学能力 |
| | (包括的自己概念) | 学科全般 |
| | | 問題解決能力 |
| | | (包括的自己概念) |

**図6-2**　自己記述質問紙（SDQ）の因子（榎本, 1998 による）

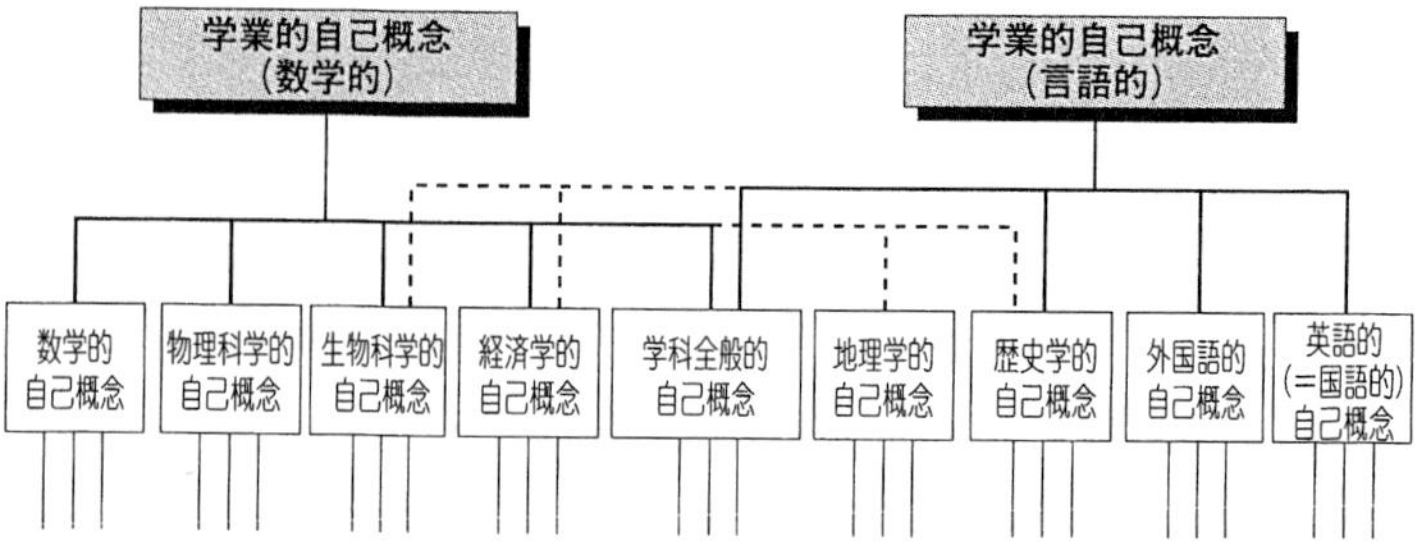


**図 6 - 3**　学業的自己概念のモデル（Marsh, et al., 1988; 榎本, 1998 による）

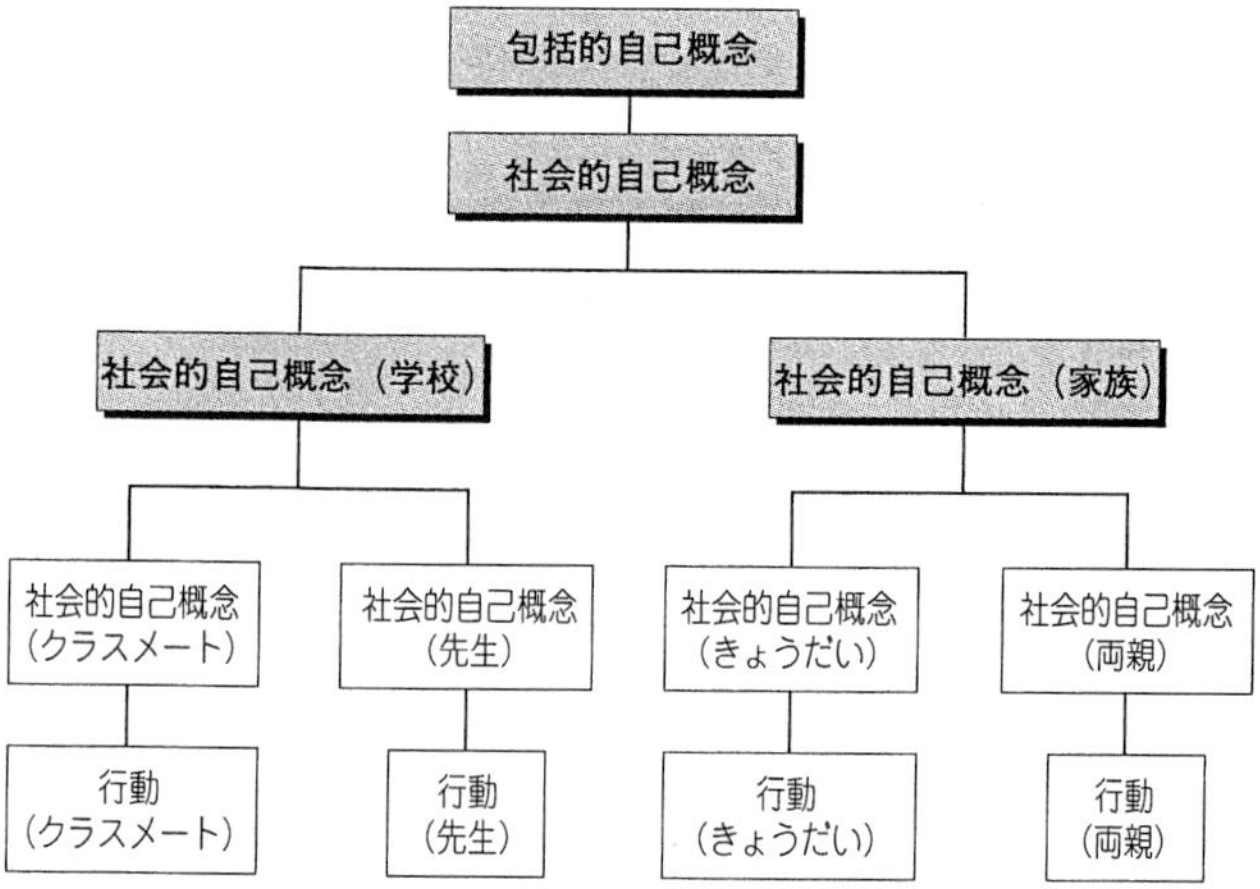


**図 6 - 4**　社会的自己概念のモデル
（Byrne & Shavelson, 1996, 榎本, 1998 による）

の二つの上位概念の下に、それぞれ関連性の高い科目が統合されている。比較的関連性の薄い科目は点線で表現されている。社会的自己概念は、他者の前に現れている自分についての認知である。小学校3年、中学校1年、高校2年の対象者に調査を行い、このモデルのように多面的階層的にとらえられることが見出された。

## 4 自分の芽生え

さて、自我意識のはたらきによる自分自身の認知が自己であるが、このような意識はいつ発生し、それはどう発達するのだろうか。またこのような意識は人間に特有の性質なのだろうか。

ギャラップ（Gallup, G.）は、チンパンジーが鏡に映った自分の身体像を認知できるということを示した（佐治・飯長、1991）。チンパンジーの檻の中に大きな鏡を10日間置いたままにして、その間の鏡に対する反応を観察すると、2種類の反応が観察された。①鏡に映った像を叩く、脅す、声をかけるなどの他者に対する社会的反応、②像を見ながら自分の体の毛づくろいをする、歯にはさまったものをとるなどの自分に対する反応、である。

2日目までは①の反応しか示さなかったが、それ以降になるとほとんど②になった。また、10日後にチンパンジーを麻酔で眠らせ、その間に眉や耳の上に臭いのしない赤い塗料でマークをつけて、目覚めたときの鏡に対する反応をみた。すると、鏡を見てきたチンパンジーは赤いマークのついた自分の身体部分を触ってみる反応をした。同じ実験を他の猿にも行ってみると、このように自己の身体像を認知できたのは、チンパンジー、ゴリラ、オランウータンだけで、クモザル、テナガザルなどはできなかった。また、生後すぐ隔離されて1匹だけで育てられた場合には、ほとんどこのような認知ができなかった。

人の場合はどうだろうか。ルイス（Lewis, M）らは、同じことを32名の眠っている乳幼児の鼻頭に口紅を塗って調べた。目覚めて鏡を見て自分の鼻に触ったのは、9－12ヵ月の乳児では0％、15－18ヵ月児では25％、21－24ヵ月児では75％だった。この例からみて、2歳を過ぎると、自己の身体像を鏡によって認知することができるとみられる（佐治・飯長、1991）。

自分の名前を一人称で言い始めることや、いろいろなことに否定的・反抗的反応をする時期（第一反抗期）が2歳から4歳にかけて生じることから、この時期に自己意識が現れることがわかる。しかしそれはまだ衝動的な欲求と結びついた原初的な意志の発現であり、自己を対象化して観察し、省察することができる主体的自我が意識されるようになるには、思春期以降の発達にまたなければならない。

自我に関しては、エリクソン（Erikson, E.H.）の自我同一性（ego identity）の概念が重要であるが、これについては次章でとりあげる。

# 第7章
# 発達からパーソナリティをみる

心理学における発達の観点は、初期には誕生から青年期までを研究対象にしていたに過ぎなかった。発達は身長・体重などが増加し、言葉が増え、運動能力が増し、知能を初めとするさまざまな認識能力が高くなることとして、考えられていた。

その後、後述するように、エリクソンのような研究者がライフスパン、つまり、誕生から死までを含めた発達観を提供した。

しかし人の発達は、妊娠に始まる胎児期からすでに始まっており、それは誕生後の発達にも大きく関わっている。したがって、人の発達をみる場合には、「胎児から死まで」を視野に含めなければならないだろう。

発達へのアプローチは大きく分けて、実験や組織的観察にもとづく研究方法と、フロイトに始まる精神分析的方法とがある。扱うべき話題は膨大で錯綜しているので、それなりにまとまりのある視点を限られた紙面で説明するのはかなり困難である。できるだけ簡潔に述べたいと考えていた折、ウェイテン（Weiten, W., 1996, 1997）の著書に出会い共感するところがあったので、以下それを参考にしながら発達の大筋をみていこう。

# 1 胎児期から青年期までの発達の全般的な過程

## ■ 胎児期の発達

胎児期は三つの段階、胚種段階（最初の2週間）、胎生段階（2週から2ヵ月まで）、胎児段階（2ヵ月から誕生まで）に区分される。

図7-1に見るように、胎児の体の構造を構成する身体や器官の発達に障害を生みやすい時期があり、妊娠後2ヵ月ぐらいまでの時期がそれに相当している。

胎児期の発達に障害をもたらすものは、第一に妊婦の栄養失調であり、これによって新生児の合併症、神経的欠損をともなう危険がある。妊娠中の母親のダイエットが新生児に運動機能の劣等性、無感情、興奮などをもたらすことを見出している研究もある。また妊娠中の薬物摂取も危険であり、流産しやすくなる。

とくに妊娠中の母親が休養目的のために摂取する精神安定剤、催眠剤、コカインなどはたいへん有害である。「サリドマイド児」の奇形誕生はあまりにも有名になった。タバコも流産、死産あるいは生後の合併症を増す危険がある。妊娠中の過度の飲酒も、新生児の

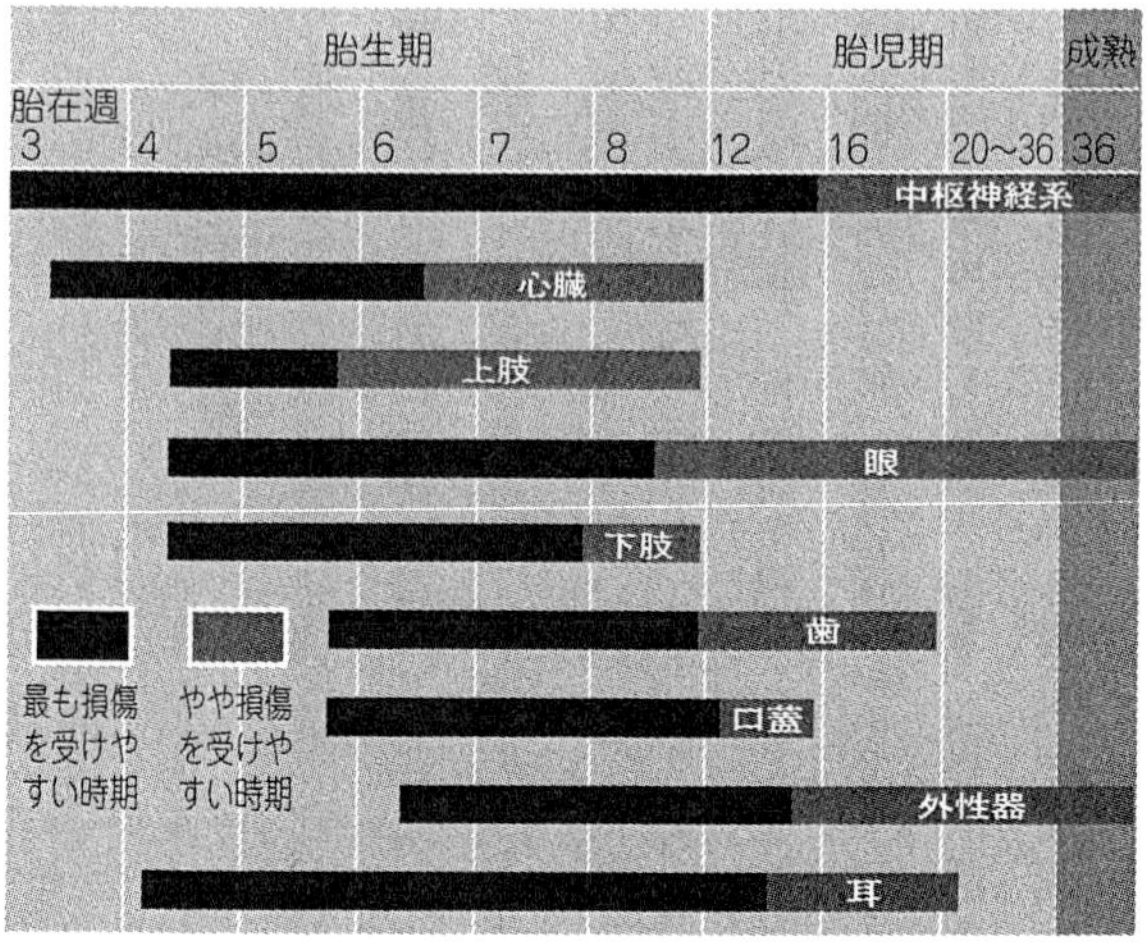


**図7-1**　胎児期に損傷を受けやすい部分の発達時期（Weiten, 1997）

小頭症、心臓疾患、活動過多そして精神・運動遅滞をもたらすといわれている。

さらには、妊婦の病気が胎児の発達に感染の障害をもたらす。たとえば、妊婦の風疹、梅毒、コレラ、疱瘡、おたふく風邪、インフルエンザなどは、胎児にとって危険なものである。生殖器のヘルペスやエイズ（AIDS）も、出産の過程で子どもに伝染する。

こういう胎児期のさまざまな危険は、妊婦が適切なケアをし、専門家の指導を受けていれば予防できるものである。妊娠初期に良質の医学的ケアを受けていれば、未熟児を減らし、また乳児の死亡率を下げることができる。

図7-2を見てみよう。国によって乳

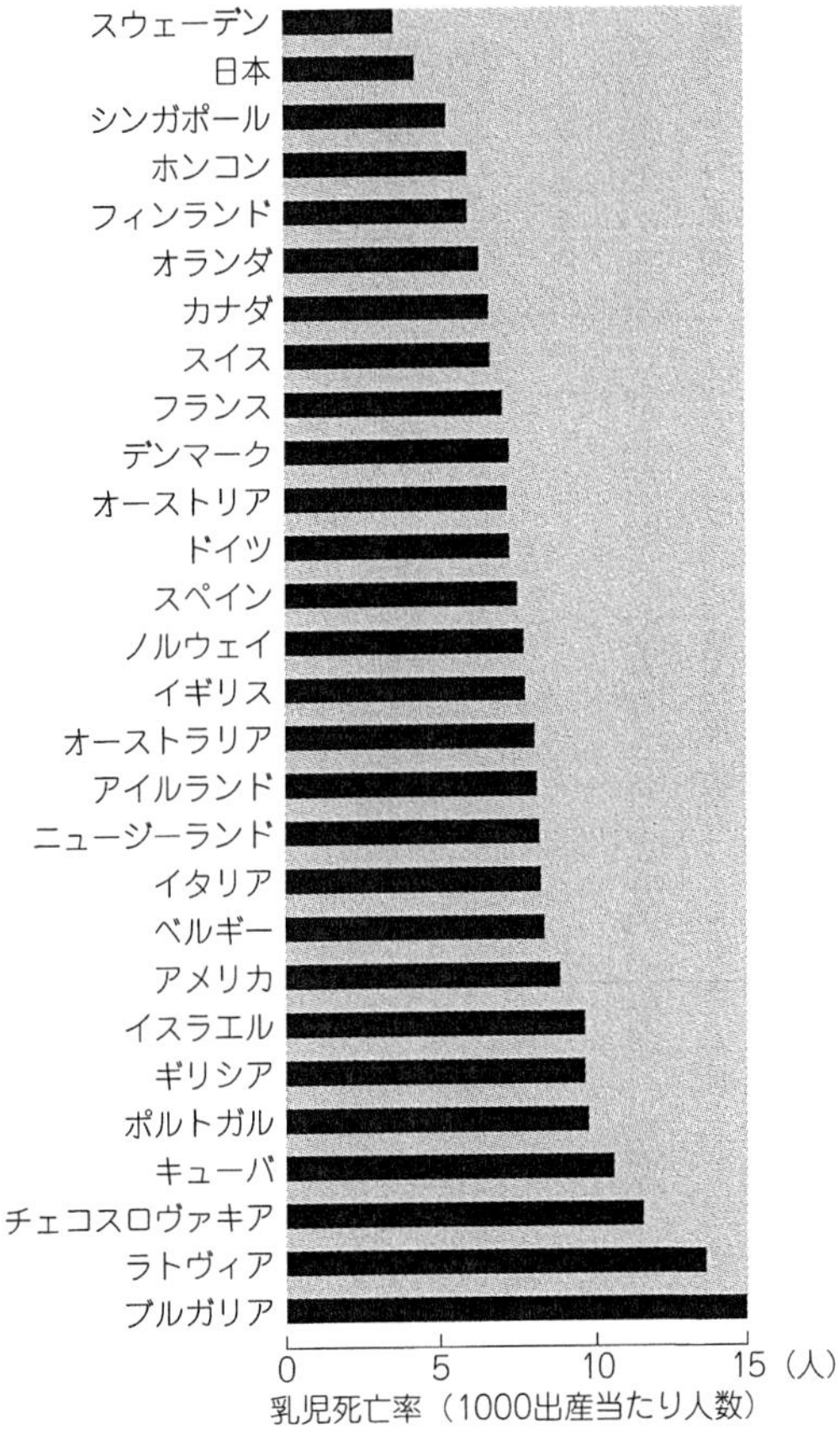


**図7-2**　乳児死亡率の国際比較（Weiten, 1997）

児の死亡率がたいへん違っている。アメリカの死亡率が比較的高いが、多民族国家で、民族によっては妊婦がほとんど医学的ケアを受けていないためである。とくに少数民族であるアフリカ系アメリカ人にあてはまる。図は新生児（生後1年以内）の千人あたりの死亡人数であるが、黒人ではこれが18・0人で白人の7・6人の2倍にもなっている。子どもの発達に関する専門家たちは、とくに低所得者層の胎児ケアに予算をつけて未熟児の出生を防げば、出生後の後遺症による障害児のケアに支出する費用をはるかに少なくできると指摘している。

## 周囲の探索の開始——運動機能の発達

赤ちゃんは生まれてすぐから活発に手足を動かし、しだいに自分の動きを上手にコントロールするようになっていく。

運動機能の発達は身体活動に必要とされる筋肉の協調の進歩に依存するが、この発達は、「頭部から足部へ」向かう原則的傾向がある。まず身体の上半部分をコントロールすることから始まり、次に下半身をコントロールするようになる。赤ん坊の這う行動をみても、最初は両腕だけで這い、やがて両足も使えるようになる。

また運動機能は「身体の中央部分から周辺部分へ（胴体から四肢へ）」と向かう原則的

傾向ももっている。幼児はたとえば物に手を伸ばそうとするとき、最初はその物がある方へ体をひねって手を伸ばすが、やがて手だけをそちらの方へ伸ばすようになる。

ところで、親というものは、わが子の運動機能の発達ぶりをいろいろな「発達基準」と比較して心配するものである。この基準に合っていれば安心するが、この基準におくれていると、不安になりがちである。このとき親が見逃しているのは、発達基準というものは集団の平均だということである。この平均にはかなりの幅（偏差）があり、這ったり、座ったり、つかまり立ちをしたりする運動機能にはかなりの個人差がある。このような運動機能の発達には、文化的要因である環境的要因による影響があることが知られている。

## ■ 育てやすい赤ん坊とむずかしい赤ん坊――気質における差異

ある幼児は、生後のかなり早い時期から活気があり、また機嫌がよいかと思うと、別の幼児は不活発で不機嫌というように、多様な気質を示す。気質は性格的ムード、活動水準、感情的反応などに関係する。

トーマスとチェス（Thomas, A. & Chess, S., 1977）の子どもの気質の安定性を継続して調べた研究によれば、幼児の個人的な気質は生後2、3ヵ月後の早期に確立し、また幼児には主要な三つの気質スタイルがある。

a　育てやすい子ども（40％）――ニコニコして、睡眠・食事が規則的、よく順応し、めったに怒ったりしない。

b　のろい子ども（15％）――機嫌があまりよくなく、睡眠・食事が規則的でなく、変化についていくのが遅い。

c　むずかしい子ども（10％）――不機嫌で、睡眠・食事が不規則、変化に抵抗し、またやや怒りやすい傾向がある。

調査した残り35％の子どもの気質は、このような基本形の混合型であった。そして、生後3ヵ月の子どもの気質は、10歳になったときの気質の予測指標として十分であることを見出している。たとえば、幼児期にむずかしい子どもと分類された子どもは、後になって他の子どもよりも情緒的問題を抱えるようになり、カウンセリングの必要があったのである。

## ■ 愛着――幼児期の感情的発達

愛着というのは、幼児と養育者との間に発達する愛情の密接な感情的きずなをさす。幼

表7-1　愛着行動の3文化比較（%）（Cole, 1992; Weiten, 1997による）

| 国（研究者） | 回避的 | 確信的 | 不安気なアンビバレント |
|---|---|---|---|
| アメリカ（Ainsworth et al., 1978） | 21 | 67 | 12 |
| ドイツ（Grossmann et al., 1981） | 52 | 35 | 13 |
| 日本（Takahashi, 1986） | 0 | 68 | 32 |

児は生後から直接の世話をする母親に最初の愛着を抱き、発達にとって非常に重要であると考えられている。

世間の常識とは異なって、幼児の母親への愛着が即座に生まれるわけではない。赤ん坊は、最初から母親だけを好むわけではなく、ベビーシッターにも喜んで抱かれる。しかし生後6ヵ月から8ヵ月の頃に母親をとくに選ぶようになり、この頃母親から離されると抵抗を示すようになる（母子分離不安の始まり）。この分離不安は、14ヵ月から18ヵ月あたりが頂点になり、その後減少する。

幼児は、母親がそばにいて、幼児によく応え受容すると安心し、愛と自信を得て「確かな愛着」を覚えるが、それらを得られない場合には、不安を感じ、「不安と安心の入り混じった愛着」を獲得するか、あるいはまた防衛的な反応として「愛着回避」に陥るかするようになる。このようなパターンには文化的な違いがみられ、アメリカや日本の場合には、「確かな愛着」反応が多くみられるが、ドイツでは、幼児の自立性を強調するために、「愛着回避」反応が最も多い（表7-1）。

## 親の養育態度

幼児期の親子関係がパーソナリティの発達に重要な影響力をもつというフロイトの主張以来、幼児期の発達問題がクローズアップされ、とくに新フロイト派と呼ばれた心理学者たちの関心を集めた。

そのなかでもホーネイ（Horney, K.）は、臨床的に問題になるケースから、親の極端な養育態度が子どもの性格傾向に影響することを見出した。たとえば、親の過度に責任を要求する態度、過度の誉めすぎ、拒否的態度、敵意ある態度などが、他者に対する子どもの反応（方略）を習慣化すると指摘している。

親の養育態度についてはその後も多くの関心を呼び、さまざまな研究が行われてきた。その一つに親の養育態度を「保護 - 拒否」、「支配 - 服従」の2次元配置でみた研究がある。この二つの次元上の四つの態度による子どもへの影響が研究されている（図7 - 3 a、b）。

しかし、子どもの性格がすべて親の態度で決まるとは即断できない。家族をはじめとして子どもをとりまく環境の問題は複雑であり、子どもの生来的な傾向性も異なっている。子どもの性格形成をすべて一つの原因に帰すことができるというわけではない。

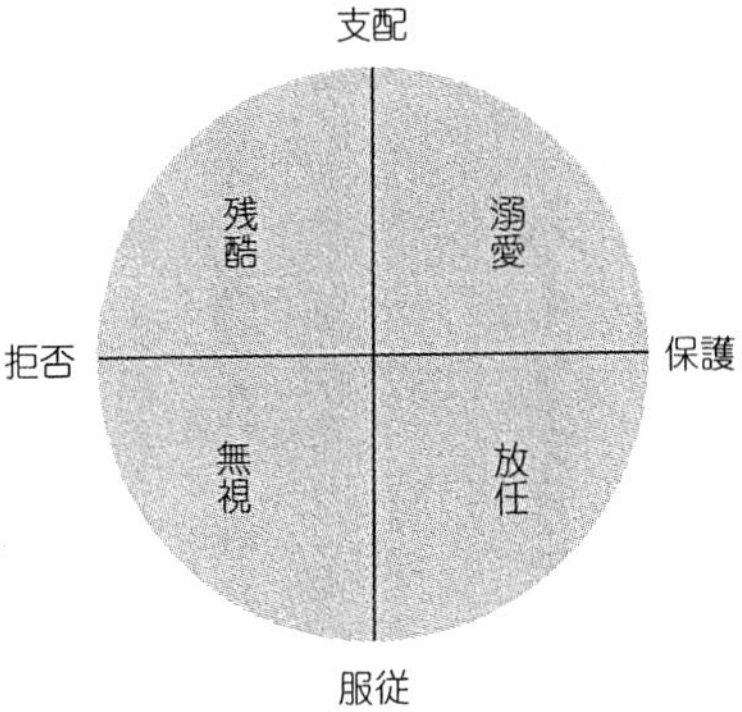


**図 7－3 a**　親の養育態度の類型（北尾ほか，1997 による）

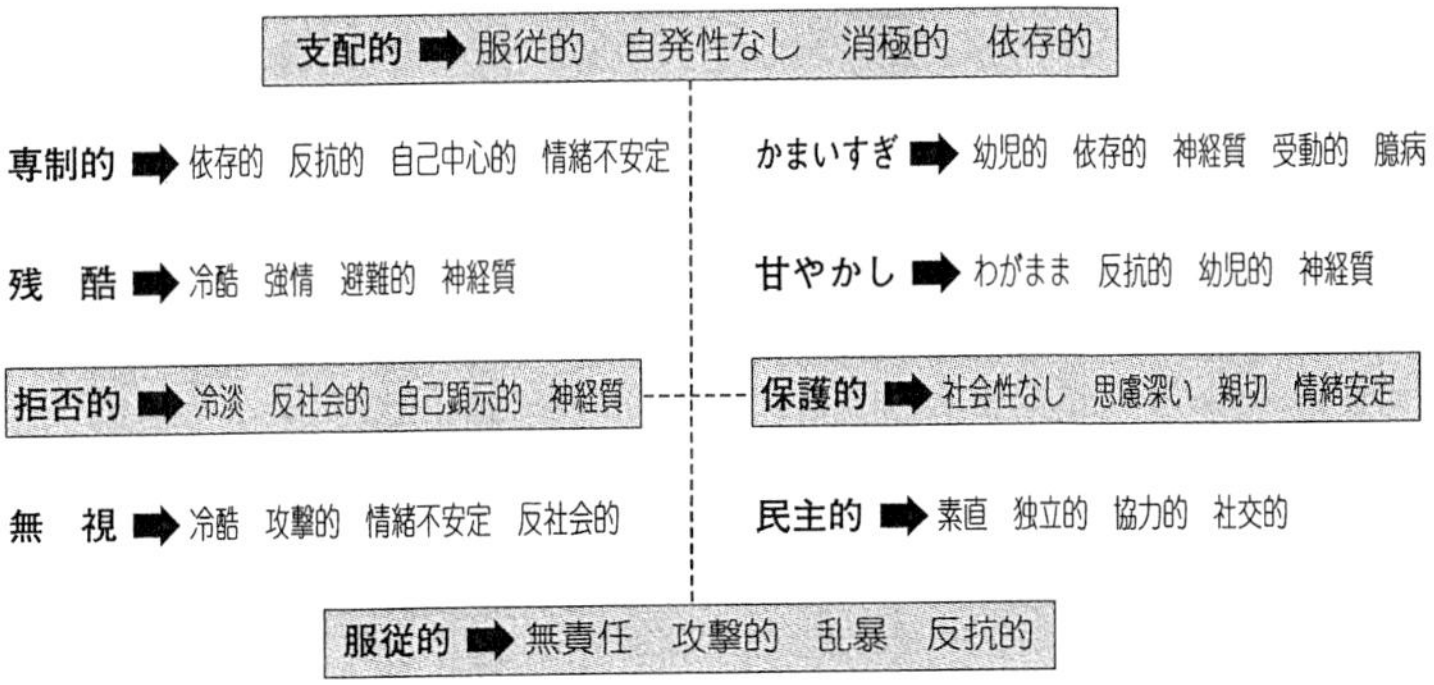


**図 7－3 b**　親の養育態度と子どもの性格（北尾ほか，1997 による）

### ■思春期と発達加速現象

思春期は乳児期に次いで身体的発達が著しい時期である。10歳ぐらいから身体が急速に成長し、17歳ぐらいで頂点に達する。身長・体重・骨格・内臓器官が急激に成長するだけでなく、第二次性徴としての変化も生じ、恥毛、腋毛、声変わり、男性ではひげの発生、女性では月経の開始、骨盤の拡大、乳房の発育、皮下脂肪の増加が進む。

現代では、このような思春期の発達が年々若年化する傾向があるといわれており、これを「発達加速現象」と呼んでいる。栄養が良くなってきていることと、医学的ケアが進んだことがその理由としてあげられる。

## 2 パーソナリティ発達の諸側面

### ■自己概念の発達

人は明確な自己意識を獲得する前に、もっと素朴なかたちで自分自身を意識するようになる段階があると思える。榎本（1998）はこの段階を含めて自己概念の発達過程を整理しているので、以下にそれを紹介しよう。

### a　自己概念の芽生え（新生児）

新生児は自他の未分化な世界に生きているとみられるが、生後3ヵ月頃から自分の手足を眺めたり、いじったり、顔をひっかいたりするなど、自己刺激的運動を始める。このような運動は自己の身体領域を確認する行為とみることができる。

乳児に次に訪れる自己意識の段階は、他者の目で見た自分の理解である。このような自己は「可視的自己」あるいは「社会的自己表象」といわれる。このような自己意識の獲得は、鏡に映る自分の身体像についての実験から調べることができることを、すでに紹介した（6章4参照）。2歳頃には、自分の名前についても理解し始め、この頃に直接的に感覚を通して自分の身体を理解することと、鏡映像的に知ることができる可視的自己の両者が自覚されるといえる（自己存在の二重構造）。

### b　自己概念の形成過程（幼児期）

発達初期の自己概念は、主に行動的・身体的自己概念である。3歳から5歳の子どもに自分について答えてもらうと、「ぼく遊ぶよ」「私の髪は赤いんだ」「私人形をもってるの」などのように、行動的・身体的内容が多い。そして3歳児では持ち物に対する反応が多く、4、5歳の年長児になると、行動的反応が目立つようになる。

### c　外見的自己概念から内面的自己概念へ（児童期）

8歳ぐらいになると、思考内容やイメージのような精神的内容についての原初的な観念をもつようになる。8歳以前の子どもたちでは、身体的外見（身長、かわいらしさ、眼の色、髪の色）、所有物（飼っている動物、通っている学校、信仰している宗教）というような「もの」に関する自己を述べることが多いのに対して、それ以上の年齢の子どもたちは、価値観や性格のような、内面的なことがらを述べる傾向がある。

### d　主観的・内面的自己概念（青年期）

青年期前期には、社会的自己（社会的・性格的自己）、そして青年期後期には心理的自己（信念、個人的哲学、思考）が、自己の中心的な基準として形成される。

デーモンとハート（Damon, J.A. & Hart, D., 1982）は、自己概念に関する発達研究を展望し、それを規定している四つの基本的構成要素を取り出して、それと発達段階を対応させている。図7－4は、彼らの結果をもとに榎本（1998）が、発達の方向と自己規定の関係を図示したものである。

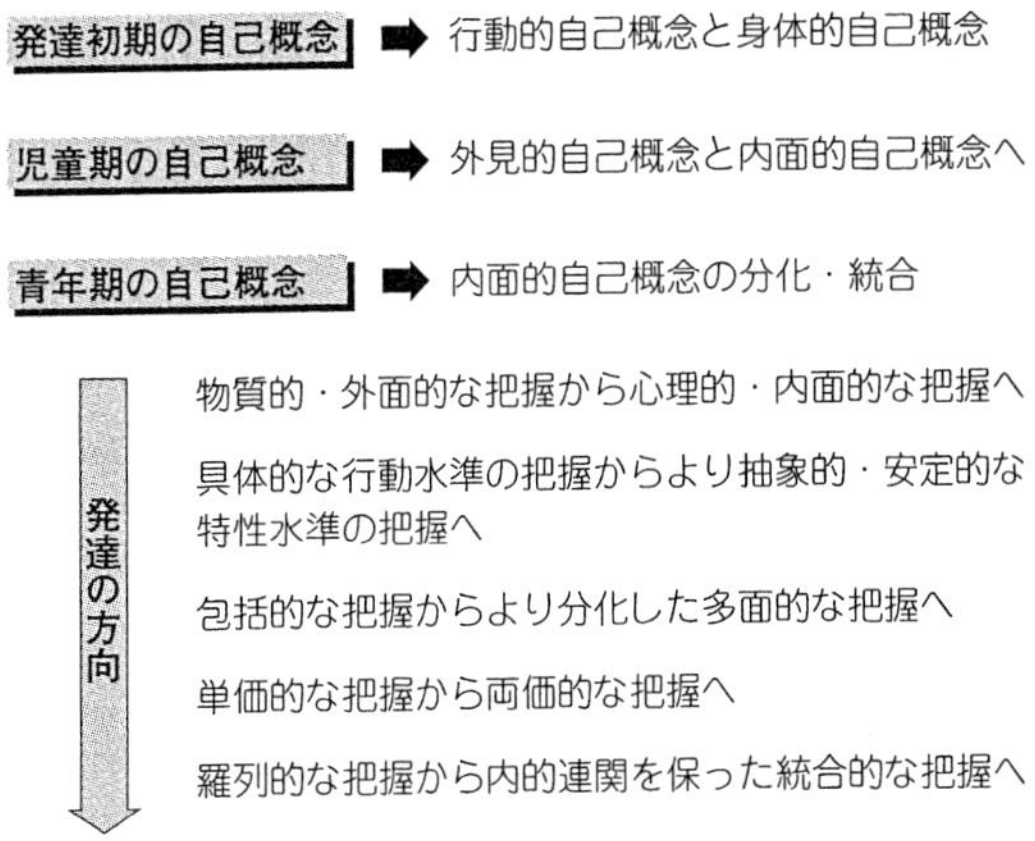

発達初期の自己概念
行動的自己概念と身体的自己概念
児童期の自己概念
外見的自己概念と内面的自己概念へ
青年期の自己概念
内面的自己概念の分化・統合
発達の方向
物質的・外面的な把握から心理的・内面的な把握へ
具体的な行動水準の把握からより抽象的・安定的な特性水準の把握へ
包括的な把握からより分化した多面的な把握へ
単価的な把握から両価的な把握へ
羅列的な把握から内的連関を保った統合的な把握へ

**図7-4**　自己概念の発達段階と方向（榎本, 1998）

## ■ 自我同一性の発達

エリクソンは、人の発達を誕生から死までのライフサイクルとしてとらえ、人生を8段階に区分した。そしてそれぞれの段階で心理的・社会的な危機を迎えるが、それをどのように乗り越えるかが人生の重要な課題であるとした。

### Ⅰ　信頼 対 不信（誕生〜2歳）

生後1年までの乳児期は、食べものやおむつを替えるなどの世話を完全に母親・養育者に依存している。もしこれらの基本的ニーズが完全に満たされれば、乳児は健全な愛着を得て、人に対する安定した信頼を形成することになる。もしそうでなければ、不信と不安をもつパーソナリティをつくりだす源になる。

## Ⅱ　自律 対 恥・疑惑（2歳～4歳）

この時期に、子どもは両親からトイレやその他の訓練をしつけられ、子どもは食事し、洋服を着、入浴するなどを自分の責任でこなせるようにならなければならない。もしすべてうまくいけば、自己満足感を獲得する。しかし両親がそのような子どもの努力に納得せず、子どもと両親の間に常にコンフリクトが生まれるようになると、子どもは恥の感じ、自分に対する疑惑の念を抱くようになる。

## Ⅲ　積極性 対 罪（4歳～7歳）

4歳から7歳は、子どもが家族のなかで、社会的に行動するという問題に直面する時期である。もし子どもが自分のニーズだけにこだわれば、兄弟との対立抗争によって家族から罪の感情を染み込まされ、自己評価も被害を受ける。そしてもし兄弟や両親とも仲良くできれば、自分に対する自信を成長させることができる。

## Ⅳ　勤勉さ 対 劣等感（7歳～12歳）

思春期は、狭い家族の範囲を超えてもっと広い社会である近隣に関係が広がり、また学校で学習することが主な仕事となる。したがってそれまでの家族だけとの交流と違って、必ずしもいたわりや配慮が十分とはいえない社会のなかで、効率的に行動することを学ばなければならない。そこで生産性の高さを競う競争心を育て成功すれば充実感を、また他人との競争で劣等感を覚えることになる。このような心理的危機を乗り越える必要のある時期の到来である。

**Ⅴ　自我同一性 対 同一性拡散（12～20歳）**

この時期の青年は、「自分は何者なのか」「これからの人生をどうしようとしているのか」といった問題に対して、独自の自己としての自分の概念、思想、価値体系などを試行錯誤しながら確立することが課題となる。しかしあれこれ試行錯誤してもそれに振り回されて自分を見失えば、自我が確立するどころか分裂してしまう危険性（自我拡散）もある。エリクソンによれば、青年期は自我同一性確立のために社会的義務や責任を一時的に猶予されている時期（モラトリアム）だといえる。

**Ⅵ　親密性 対 孤立（23歳～30歳）**

成人期初期の鍵となる関心事は、他人との関わりにおいて親密さを分かち合えるかどうかである。これに成功すれば、ごまかしや抜け目のなさなどよりも共感性と自己開示性を増進することができるが、失敗すれば孤立感を深める生活を余儀なくされる。

**Ⅶ　生産性 対 停滞（31歳～50歳）**

子どもの世話をして次世代の福祉に専念することを通して、若い人にも利己的にならないよき案内者となれるかどうかが鍵となる。そうでなければ、自己中心的な欲求・願望に

表7－2　自我同一性地位（Marcia, 1966; 無藤, 1979より）

| 自我同一性 | 危機 | 傾倒 | 日本 | 米国 |
|---|---|---|---|---|
| 同一性達成 | 経験した | している | 46% | 21% |
| モラトリアム | その最中 | しようとしている | 6 | 27 |
| 早期完了 | 経験していない | している | 32 | 28 |
| 同一性拡散 | 経験していない<br>経験した | していない | 16 | 24 |

専念する人となる。

### Ⅷ　統合性 対 絶望（51歳〜）

引退してから後、自分の人生に意義と満足感を見出して死を迎えるか、あるいは過去の恨みや失敗ばかりを膨らませて失望・絶望のうちに人生を終えるかの課題を抱えた時期である。

自我同一性形成の過程は、このように青年期以前に始まっており、またしばしば青年期を超えても続き、その後の人生の多様な経験によって修正されもする。

しかし自我同一性に対する関心は、一般に青年期に増大する。それは、青年期に、急速な身体変化が自己像についての思考を刺激し、また認知過程の変化が自己の内省力を高めるとともに、この時期に職業の方向を決断する必要があるので、自己について熟考しなければならないからである。

試行錯誤しながら自己確認することに誰もが成功するわけではない。何をやってみても自分にピッタリせず、何をしていいかわから

| | | 危機 | |
|---|---|---|---|
| | | 有 | 無 |
| かかわり合い | 有 | アイデンティティ成就（アイデンティティ達成感） | 未成熟なアイデンティティ（親や社会の価値観を無批判に採用） |
| | 無 | アイデンティティ・モラトリアム（アイデンティティ感をもつために積極的に苦闘） | アイデンティティ拡散（アイデンティティに明確に関与しないために、苦闘の感じをもたない） |

**図7-5**　マーシャの4種のアイデンティティ状態
（Marcia, 1980; Weiten, 1997 による）

ない（自我拡散）、自己を再構築できる自信がもてない（モラトリアム）、自分を受容することができずに自己否定してしまう（否定的同一化）、あるいは自分の信じる世界が社会・文化と相容れない場合に、社会・文化が悪いとこれに対抗していく（対抗同一化）などの場合も稀ではない（表7-2）。

青年期における自我同一性の形成の扱い方にはいろいろな方法が考えられるが、マーシャ（Marcia, J., 1980）は、心理的危機の有無、関わり方の有無によって4種の自我同一性像を区分している（図7-5）。

## ■ 認知・思考の発達

子どもの思考・推理・記憶・問題解決などの発達過程に関して、心理学に最も重要な貢献をしたのはピアジェ（Piaget, J.）である。彼は最初自然科学の学位を取得し、小説を発表したりしていたが、知能検査の仕事に関わり、それ以降心理学に関心を抱くようになり、とくに子どもの知能の使い方を解明することに専念した。彼の研究の大部分は、自分自身の3人の子どもを研究対象にして、その注意深い観察から得られた洞察にもとづいている。

彼は子どもの思考方法が、環境と成熟との相互作用によってしだいに変わっていき、そこに四つの発達段階があると提案した。

### Ⅰ　感覚運動期（0歳〜2歳）

この時期に、乳幼児はものを吸ったり触ったりしながら、五感の感覚入力と運動機能との協調を発達させていく。この段階での発達は生得的な反射が優勢であるが、4ヵ月を過ぎると、それまでは眼の前のおもちゃなどが布で隠されて見えなくなっても、眼で探すことはしなかったのに、それをするようになる。これは、ものがたとえ見えなくなっても世界から消えてしまったわけではなく、存在しているという対象の永続性を理解する象徴的な活動の始まりといえる。この発達は漸進的で、これがマスターされるのは、生後8ヵ月の終わり頃になってからである。

### Ⅱ　前操作期（2歳〜7歳）

この時期の子どもは、心的イメージを改善し、目の前にない対象を思い浮かべたり、そ

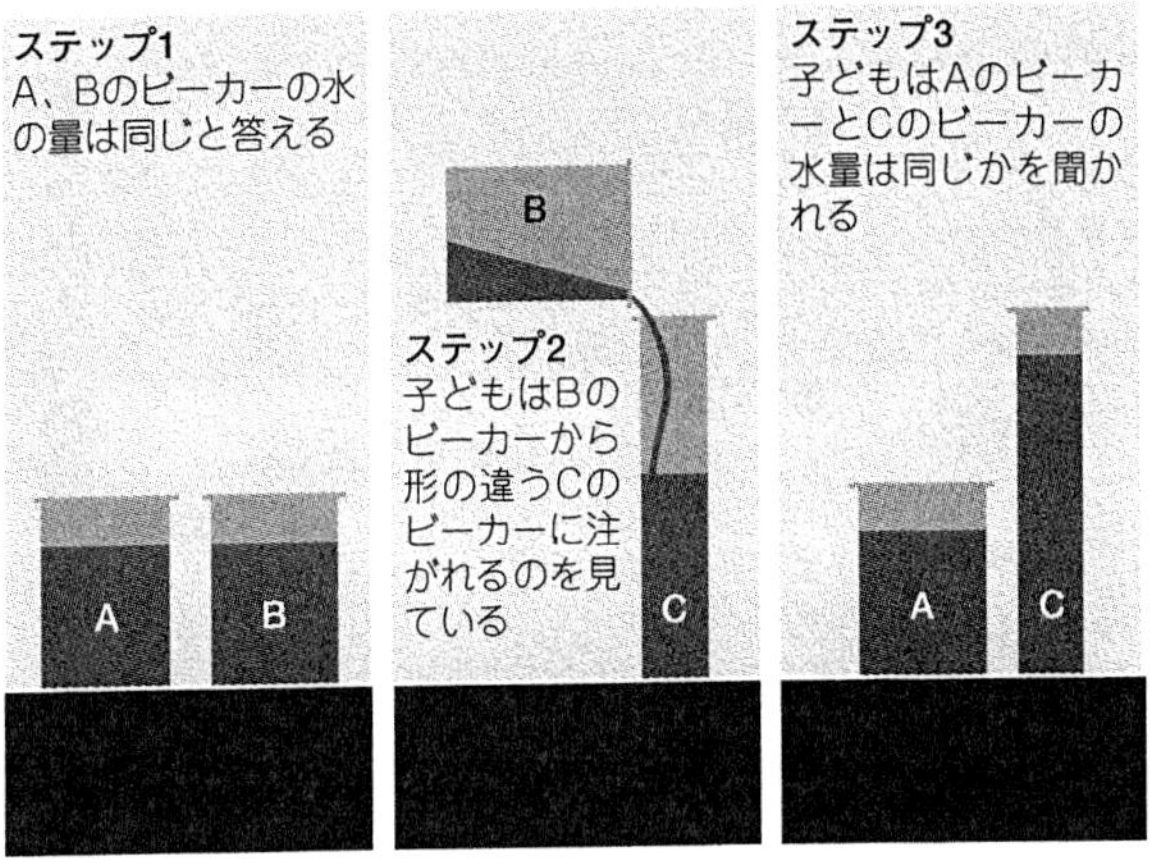
ステップ1
A、Bのビーカーの水の量は同じと答える
A
B
ステップ2
子どもはBのビーカーから形の違うCのビーカーに注がれるのを見ている
B
C
ステップ3
子どもはAのビーカーとCのビーカーの水量は同じかを聞かれる
A
C

**図7－6**　ピアジェの「保存」問題（Weiten, 1997）

れらを関係づけたりすることができるようになる。「ごっこ遊び」なども盛んになる。しかしピアジェは、むしろこの時期の思考法の欠点を強調している。

たとえば、液量の「保存」（conservation）課題がある（図7‐6、7）。保存というのはピアジェの用語で、物理量は形や見かけの変化にもかかわらず一定であるという認識である。この課題で、二つの同じ容器に同量の液体を入っていることを子どもに確認させた後に、子どもの見ている前で、一方の容器の液を底面積が小さく背の高い別の容器に移し替えて、再びどちらの液体の量が多いかの判断を求める。すると、子どもは容器の見かけの高さに惑わされて、背の高い方の容器の方が量が多いと答える。

| | 「保存」課題の典型例 | 修得年齢 |
|---|---|---|
|  | **数の保存**<br>等間隔に並んだ2列のリンゴを見て、数は同じと答える | 6-7 |
|  | 1列のリンゴの列を長くすると、この方のリンゴが多いと答える | |
| 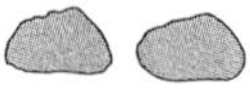 | **塊りの保存**<br>2つの粘土の塊りは同じだと答える | 7-8 |
|  | 一方の粘土の塊りを伸ばして、塊りの量は変っていないかを聞く | |
|  | **長さの保存**<br>2本の棒の長さは同じと答える | 7-8 |
|  | 一方の棒を左右のどちらかへ動かし、棒の長さは同じかを聞く | |
| 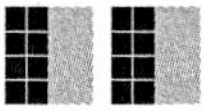 | **領域の保存**<br>木片でできているカードを2列同じように並べると、子どもは2列のスペースは同じだと確認する | 8-9 |
| 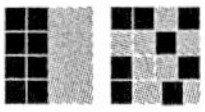 | 1列のカードの方を分散させて並べかえ、カードでできているスペースは2列とも同じかを聞く | |

**図7-7**　「保存」課題の典型例（Weiten, 1997）

このような保存課題の例には、数の保存・塊の保存・線分の保存・領域の保存などがあり、ピアジェはこれらの課題によって、子どもの思考法を観察した。

このような子どもの判断は、その思考法に欠陥があるからだとピアジェは言っている。たとえば、他の側面を無視して一つのことだけに焦点をあてる「中心化」(centration)、容器の液体をまた最初の容器に戻したらどうなるかを想像できない「非可逆性」(irreversibility)、他人の視点に立つことができない「自己中心性」(egocentrism) などが、その理由として例示されている。

## Ⅲ　具体的操作期（7歳~11歳）

この時期になると子どもはしだいに他人の視点がとれるようになり、自己中心性が消失するが、これを「脱中心化」と呼んでいる。この時期になれば、保存の概念を理解できるようになり、新たに二つ以上のカテゴリーを同時に分類することができるようになる。また関係の論理も理解するようになり、春子は夏子よりも若い、夏子は秋子よりも若い、すると春子は秋子よりも若い、といった関係が理解されるようになる。しかし現実にある対象についての具体的な操作はできるが、現実に存在しないものの論理的操作ができるようになるのは、次の段階に入ってからになる。

### Ⅳ　形式的操作期（11歳〜）

この時期においては、子どもは具体的対象の操作に加えて、抽象的な概念を操作することができるようになる。たとえば、愛とか正義とか自由意志などという抽象的なものについて、何時間も集中して考えることができるようになる。

## ■ 道徳的判断の発達

道徳的発達は認知的発達によって決定されると考えたピアジェの考えにもとづいて、コールバーグ（Kohlberg, L., 1969）は人が善悪の判断についてどんな推理をするかを研究した。彼のモデルは、道徳性の発達研究に最も大きな影響力をもった。

彼は道徳的葛藤を生むような物語を子どもや大人に聞かせてその反応を調べ、道徳性の発達には3水準（各水準に2段階を含むので、6段階）があることを見出した。この物語は、次のようなものであった。

「主人公のハインツは、ガンのため死にかかっている妻を助けたいと思っていた。おりしも、このガンの特効薬が発見されたが、とても高価であった。薬屋に値引きを頼んだり、お金の工面をしたりしたが、結局万策つきた。そこでハインツは、薬屋に泥棒に入ってその薬を盗んでしまった。」

この物語に対して、（1）ハインツはそんなことをすべきだったのか？（2）1の回答の理由、の二つの質問をし、その回答から、次の3水準、6段階が導かれた。

**水準1　前慣習的道徳**

段階Ⅰ　罰への志向――罰を受けることを回避するルールに従う（薬を盗んだのなら、刑務所行きだ）。

段階Ⅱ　素朴な報酬志向――目的や互恵性（お返しを受ける）のためにルールに従う（薬を盗むことができるし、刑務所を出たら、彼女と一緒になれるだろう）。

**水準2　慣習的道徳**

段階Ⅲ　「よい子」志向――他者の承認・非承認によってどのルールに従うか決める（薬を盗んで妻を救ったことは理解してもらえるし、また盗まなかったら、むごい夫・卑怯な夫だといわれる）。

段階Ⅳ　権威志向――規則を破ることへの非難を避けるために、厳格に社会的ルールや法と秩序を守ろうとする。

**水準3　後慣習的道徳**

段階Ⅴ　社会的契約志向――社会秩序維持のためにはルールに従わなければならない。もっとよい方法があればルールを変える必要がある。

段階Ⅵ　普遍的原理による道徳――行動は普遍的価値としての正義・平等の原理に照らして決められる。そのため、時には社会的ルールを犯すこともある。

コールバーグの研究からいえることは、ハインツの物語に同じような回答をした場合でも、人によってその理由は異なり、それはその人の認知水準が違うからだということである。ただ、道徳とは何かは文化と関わりをもつので、このモデルが普遍的に適用できるかどうかという問題が指摘されている。また、彼のモデルは正義のような男性の社会化を前提とした概念を使用しているので、女性の道徳性を調べるのにふさわしいモデルではないとの批判もある。女性の道徳性は他人の世話と自己犠牲をめぐる葛藤が道徳性の主要なジレンマであり、この点で女性には妥当しないというのである。

## ■ 社会性の発達――愛他性と攻撃性

社会的発達には多くの局面があるが、とりわけ「愛他性」と「攻撃性」が、発達にとってたいへん基本的でまた重要であるために、多くの研究の焦点となってきた。

愛他性というのは、他人の福祉に対して「私心のない」関心をもつことであり、援助行動につながる。他方、攻撃性というのは、身体的に、あるいは言葉によって、誰かを傷つける行動のことである。この二つの行動は、まったく反対の発達傾向を示すことになる。

愛他性は2歳ぐらいに現れ、小学校時代に加齢とともに増加する。子どもの愛他性と道徳性の推理との間にはプラスの相関関係があり、より高段階の道徳的判断をする子どもは、そうでない判断をする子どもよりも、一層他人を助け、また他人に関心を抱こうとする傾向がある。

これと対照的に、なお慎重に一般化する必要があるけれども、全般的に、身体的攻撃性は加齢とともに減少する。というのは、攻撃性は子どもが成長するにつれて、その形を変えるからである。幼い子どもの攻撃性は、たとえばおもちゃを相手から取るというように、相手を傷つける意図をもたないが、しだいに身体的な攻撃をするようになり、さらに年齢が進むと、相手を傷つけることだけが目的の敵意ある攻撃性を示し、また身体的なものよりも言語的なもの（相手を侮辱するなど）になる傾向がある。

このような年齢による攻撃性の差もあるが、もっと大きいのは、愛他性と攻撃性の個人差である。同じ年齢の子どもでもたいへんな違いがあり、ある子どもは、他の子どもよりも一層愛他的であったり、攻撃的だったりする。たとえば小学校の子どもでも、ほとんどの攻撃的行動はわずか10%から15%の子どもによって占められている。攻撃性にはまた性差が歴然とあり、2歳以降になると女児よりも男児の方が攻撃的になる傾向があるのは注意すべき点である。

# 3　成人期

## ■社会的時計

成人期には、仕事や、家族への責任が前面に出てくるが、この時期においても、自分は「何をすればいいのか?」という自問は絶えない。この問題を考えているときに影響を受けるのは、「社会的時計」(social clock) である。これは、人生のある時点で人は何を成就すべきかを特定する個人の発達スケジュールについての考えである。もし「30歳までに結婚すべきだ」と感じているとしたら、その信念がその人の社会的時計に刻印されることになる。

この社会的時計は、人生の変わり目にストレスをつくることもある。たとえば重要な出来事がこの時計よりも早く来すぎたり遅く来すぎたりすれば、この時計の時間どおりに来た場合よりもストレスをもたらす。とくに成し遂げたいと思っていることがなかなか実現せずに遅々としているときには、フラストレーションを覚え、自分自身を蔑んでしまったりする原因になる。

## パーソナリティの安定性

最近のパーソナリティの発達に関する研究で注目されているのは、パーソナリティは生涯にわたって安定しているのかどうかということである。

これに関しては、成人男女を縦断的に調べて50代に変わると述べている研究もあれば、女子大生時代から40歳に至るまでの女性を調べて、青年から中年にかけては一貫して、予測可能な方向に変わると報告している研究もある。またいくつかの大サンプルにもとづいた縦断的研究によれば、20歳から40歳代まではパーソナリティは安定しているといえる。これらの研究によれば、成人期初期のパーソナリティは、その後の人生を通しての成人のパーソナリティの良き予測指標になることが指摘されている。

成人期のパーソナリティが変化するかしないかをめぐる結論の相違は、同じ対象を見ていても研究者によって視点が異なるからだともいえる。それは、コップに水が半分入っているのを半分もあるとみるか、半分しかないとみるかの見方の相違だともいえる。結局、成人期のパーソナリティは変化もすれば、安定しているともいえる、ということのようである。さらに、ある性格特性（情緒的安定性、外向性、自己主張など）は変化しないが、他の特性（男性性、女性性）は、加齢するにつれて変化する傾向があることも指摘されている（Helson, & Stewart, 1994）。

## 中年の危機

成人期は青年期以降から老年期までをさすが、中年期はこのなかでも40歳前後から60〜65歳前後を想定している。この中年期に危機があるかどうかで活発な議論があった。これに関する代表的な研究によれば、40〜45歳あたりの時期に危機があるとするものや、35〜45歳の間に危機があるとする報告が出されている。この年齢は、もう人生にあまり時間が残されていないというタイム・プレッシャーを感じ、人生の目標を達成しようと苦闘しながら、社会的時計の音が大きく響くのを聞いている。

しかしいろいろな研究によれば、中年期にとくに情緒的混乱が増加するという結果が得られているわけではない。情緒的安定性をより客観的な測度でみれば、中年の危機という伝説は、限られた一部の人に見られる危機のサインに過ぎないと思われる。

## ■ 家族生活の推移

成人期の重要な推移の一つは、結婚による家族への責任とそのなかにおける人間関係の変化である。しかし最近では、20代後半から30代前半までに結婚しない人の割合が劇的に増えている。この原因としてはいろいろ考えられるが、その主な理由の一つは、女性の職業選択の機会が増えたこと、そのために労働界が女性に対する教育の要求を上げ、教育年限が増したことにある。成人がシングルでいる機会は、過去数十年に比べるとはるかに多くなっている。

## ■ 結婚への適応

新婚カップルは夫や妻としての役割をしだいに形づくっていく。これがうまくいかないのは、配偶者が結婚の役割に対して違った期待をもっているからである。現代はとくにこの性役割に対する移行期にあるために、男女で役割期待に本質的な違いがあるようにみえる。

結婚は人間として男女平等であるかを聞いた調査によれば、男性の半分はそうではないと答え、後の半分はお互いの理解と信頼があれば平等だと回答し、男女平等を人権の問題

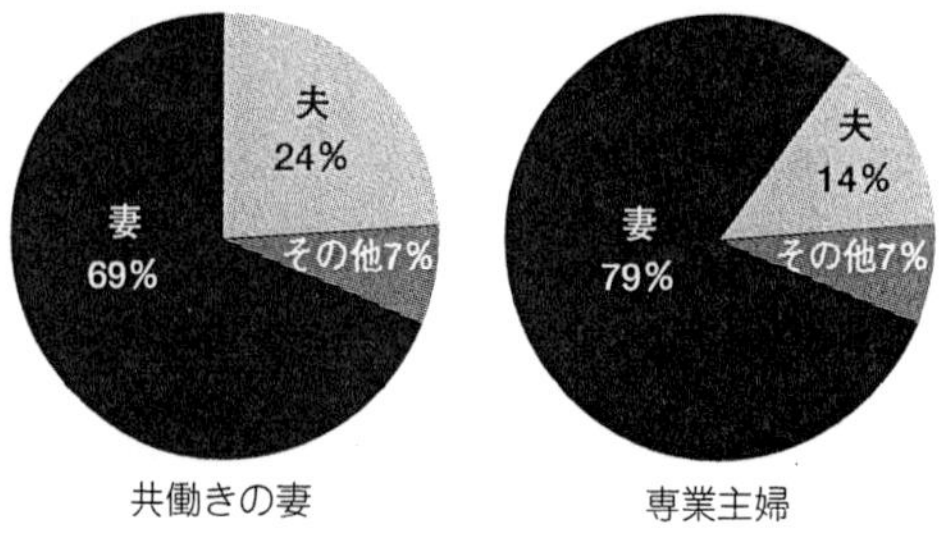

図7－8　誰が家事をするか（Shehan, & Leslie, 1987; Weiten, 1997 による）

としてよりも心理的に回答した（Machung, 1989）。女性の方が、この問題をより具体的なものとして、課題中心に回答した。彼女らの平等というのは、家庭内の雑用と責任のことをさしている（図7－8）。女性は仕事をもっていても、大部分の家事をしているのが現実で、平等でないと感じている。

とはいうものの、結婚当初の数年間の子どもが生まれるまでは、文字どおり幸せな結婚生活を送っている（図7－9）。最近は、子どもをもつかもたないか迷っている夫婦が増えており、その理由は、経済的負担の増加、教育的・職業的機会の喪失、余暇時間の減少、子育ての責任などである。

## ■親であること・親子関係への適応

結婚して子どもをもったカップルは、親になることを望み、親になったことを後悔してはおらず、それに積極的意

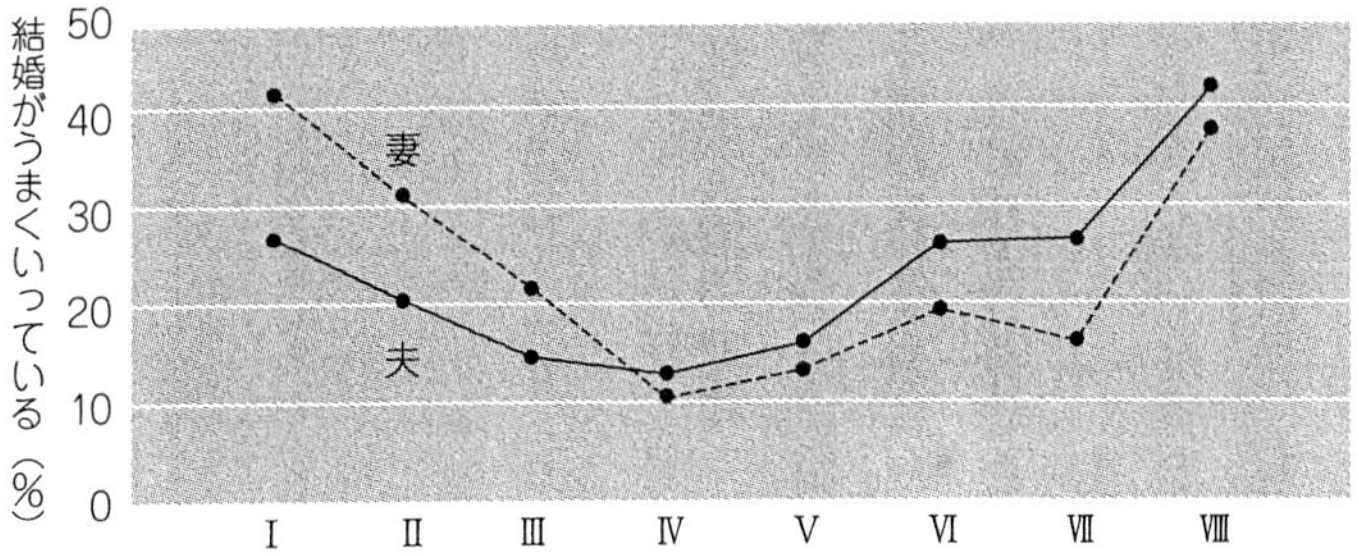


ステージI：家族のはじまり
ステージII：子ども養育中
ステージIII：就学前の子どもあり
ステージIV：就学児あり
ステージV：10歳代の子どもあり
ステージVI：送り出しセンターとしての家庭
ステージVII：中年家族
ステージVIII：高齢化する家族

**図 7－9**　家族のライフサイクルからみた結婚満足度
（Rollins & Feldman, 1970; Weiten, 1997 による）

義をみている。しかし最初の子どもをもってから変化が起こる。新米の母親は出産で消耗し、とくに産後のストレスにおちいりやすい。乳児の世話の大きな負担を背負うことが痛手になる。新米の親が、このような負担を過大評価し、自分たちの新しい役割を過小評価すると、ストレスは非常に大きなものとなる。

子どもが成長するにつれ、また子どもに対する親の影響が少なくなるにつれ、しばしば親の時代がなつかしく想起される。そして子どもたちが青年期に達し、自分たちのアイデンティティを探し始める頃、親子関係に再編が起こる。親子の価値観の相違による戦いが続発したりもする。この際、母親の葛藤の方が父親のそれよりも深刻であることが多い。というのは、母親と子どもの関係は父親より質的にずっと密接であることが多いからである。子どもが青年期に達したときが、親子関係において圧倒的に困難な時期である。

子どもたちが成人し自立してゆくと、親はいわゆる「空の巣」に対面する。これは多くの親の直面する問題であり、とくに母親役だけに専念してきた母親にとって深刻な問題となる。しかし今日では、母親の多くは家庭外に仕事を見出し、子育ての責任からの解放を求めてもいる。このようにして、親としての子育ての役割を終えたカップルは、配偶者との結婚生活を再編しながら、新たな関係を築いていくことになる。

## ■成人期の自殺

あまり表立って議論されないと思われるものに、成人期の自殺問題がある。平成11年度一年間の自殺者数は全国で33、048人で、この数字は交通事故死者の3・7倍にあたり、それほど自殺者が多い。そのなかで男性の占める割合は7割になり、また40歳から50歳代の成人が4割にも達している。

原因のすべてが明らかなわけではないが、遺書が残されていた場合の主な理由をみると、健康問題が約41%、経済・生活問題が約30%であった。

## ■ 高齢化と身体の変化

人は成人期を通して多くの身体的変化を経験する。男女とも髪の毛は少なく白くなり、禿げ上がったりする。加齢とともに身体は肥満化し、体重は50歳台まで増加する。このような身体的変化は、身体のはたらきそのものを大きく変化させるわけではないが、若者の体型が良しとされている社会では、しばしば魅力のないスタイルとみなされる。

生理学的変化としては、成人期に脳の各部で脳細胞の減少が進行し、これが脳のはたらきに何らかの影響を与えているとみられるが、明確な証拠はない。高齢者の認知症が、アメリカでは65歳以上の人の15%にみられる。

感覚も衰えるが、とくに視覚と聴覚に変化がある。視力は加齢とともに衰え、遠視は暗順応に適応しにくくなり、まぶしい光からの回復も遅くなる。聴覚の感度も衰え、75歳以上の高齢者の4分の3は、聴力矯正の必要がある。このような感覚の損失は問題ではあるが、眼鏡や補聴器のような補助手段によって補うことができる。

加齢に関わる身体的変化はホルモンのはたらきにも現れる。女性では50歳代には更年期障害や閉経を迎え、やがて多くの女性は情緒的緊張を経験するが、今日ではこれらの問題に対する女性の意識が変わってきており、心理的悩みを訴える女性もほとんどなくなってきている。男性にもホルモン機能の変化があるが、女性に比べるとその変化はゆっくりしている。

最近の日本の家族形態においては、独居老人や、高齢者がさらに高齢の親の介護をしなければならないなどの問題が深刻化しており、切実な社会問題になっている。

## ■ 加齢と認知の変化

最近の研究によれば、大部分の成人の一般知能は60歳代で若干低下するものの、成人期を通じて低下しないという。成人の知能（ＩＱ）得点は死亡前の数年内には急速に低下する。これは「終末降下」と呼ばれているが、死を間近にした人の健康の低下を反映しているとみられている。

中高年の記憶能力は低下するという報告が多いが、それに使われる研究課題は単純な単語のリストや「あひ‐とへ」などの意味のない言葉の組み合わせ（対連合）を記憶するなど、成人にとってはまるで無意味で興味のもてないものであった。最近ではもっと年齢にふさわしい文章や、テレビの番組、会話、過去の活動などを材料とした研究も行われるようになった。すると加齢につながる記憶低下は言われているほど大きなものではなく、また、誰にでも該当するような普遍性のあるものでもないことが明らかとなった。

認知に関して加齢で失うものは、「速さ」である。学習、問題解決、情報処理などにお

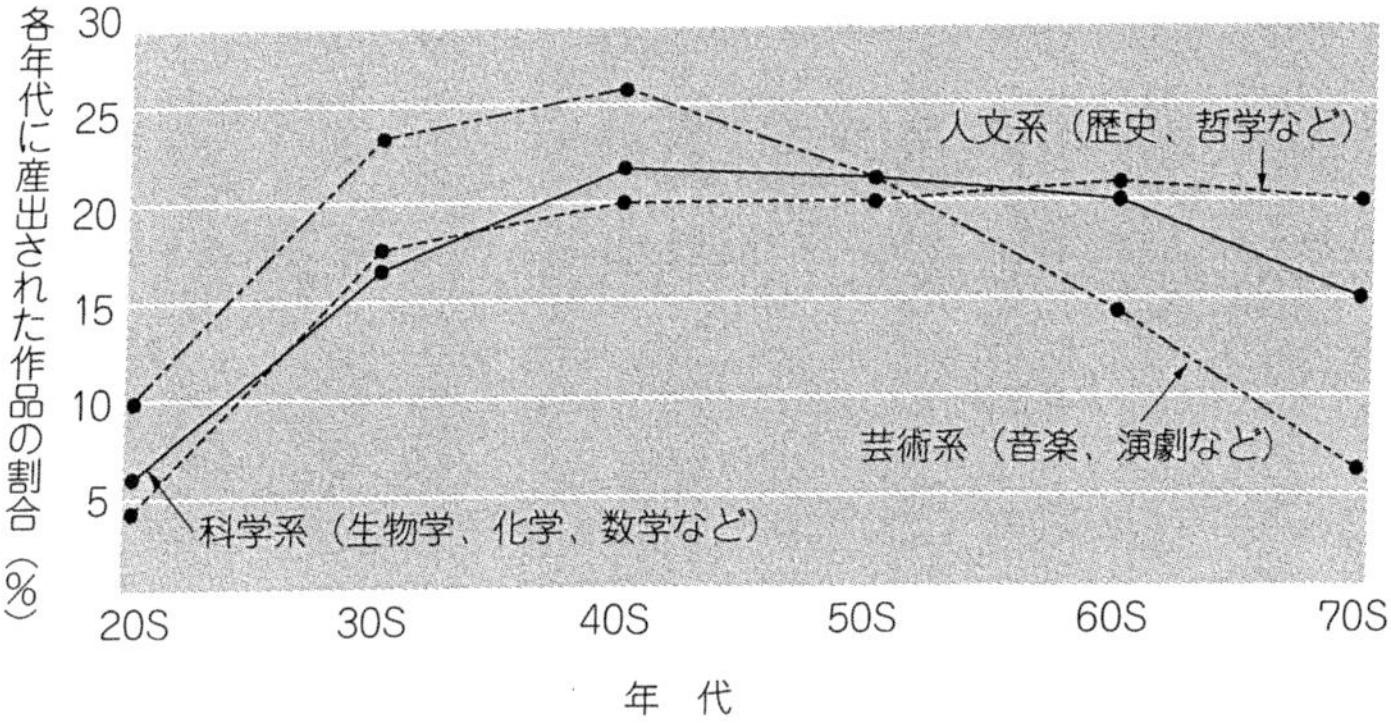


**図 7－10**　生涯にわたる職業的創造性（Dennis, 1966; Weiten, 1997 による）

ける早さが低下するのである。これは生の資料を処理する作業記憶のはたらきの低下に大きく依存していると思われる。このように、心的早さは加齢とともに遅くなるのであるが、これを補う十分な時間が与えられれば、問題解決能力はあまり損なわれないのである。

多くの人は、成人期の後年においても知的達成能力を維持している。図7－10は少なくとも79歳以上まで生きた738人の生涯にわたる専門的な作品を調べたものである。これをみると、40歳代が頂点になっているが、しかしその生産性は多くの分野において、60歳代でもかなり維持されている。

# 第8章

# 脳のはたらきから見た男と女

## 1　よくいわれる男女差

表8－1　よく例示される男女差

| 男性優位 | 女性優位 |
|---|---|
| 計算能力 | 言語能力 |
| 抽象能力 | 手先の器用さ |
| 空間能力 | 失語症・どもりが少ない |

表8－1に示すように、男性は空間的な認識力、計算力、ものごとを抽象化する能力において女性よりも優れ、他方女性は言語操作力、手先の器用さの点で男よりも優位な傾向にある、といわれる。これはすべての男女がそうであるというわけではなく、あくまでも統計的な傾向を表しているに過ぎない。つまり、平均的にみて、そのような傾向が認められるということである。

また、いわゆる「男らしさ」「女らしさ」もよく話題になるが、これはフロイトが指摘したような伴性的なものでないことは、すでに文化人類学のフィールド・ワークによって明らかにされているところである。ある文化で男らしい行動、女らしい行動と思われていることでも、違う文化においては当てはまらないことも多い。

## 2　男女の生物学的差異

男女平等化運動という時代の流れもあって、最近まで男女間の差異を強調するよりも男女間の類似性が強調される傾向があった。しかし、男女の間には、どちらが優れているかという価値観とは別の、生物学的な差異があるのは明らかである。例をあげるまでもなく、平均身長、骨格、月経の有無などには性差がある。もちろん、どこまでが生物学的な差異によるものか、どこまでが社会的・文化的環境の影響によるものかの線引きをするのは難しい問題ではある。しかし最近の脳研究の成果によれば、男女の脳差異がある程度明らかにされつつあるといってよい（Kimura, 1999／川上、１９８２)。

## 3　性の分化

性は卵子が受精した瞬間に決まるが、これを「遺伝的性」という。遺伝的性は、父親からの精子（XY）と母親からの卵子（XX）の性染色体の組み合わせによって決まり、XXなら女性、XYなら男性となる。しかしこの遺伝的性が決まったからといって、それですべてが決まるわけではなく、ただ男女それぞれの性への方向づけが定まったということにすぎない。その後、からだをそれぞれの性の方向に形作っていかなければならないのである。これが「性の分化」である。

図8-1に示すように、ヒトの場合、受精後7週ごろまでは、からだは性的未分化の状態にある。この時期までは男女どちらにでもなれる可能性があり、そのため「性的両能期」といわれる。

男性では第8週になって性腺の男性分化が起こり、精嚢づくりがはじまる。第10週ごろになって、外性器の性分化がみられるようになり、陰茎や陰のうの隆起が形成されるようになる。女性では第11週になって女性の性腺が卵巣づくりをはじめる。女性の外性器の性分化は、男性より遅れて第20週ごろである。女性の外性器も発生学的には男性と同じ組織からつくられるが、このような外性器の性分化を引き起こすのは、精巣から分泌される男性ホルモンである。このホルモンにさらされると男性型の外性器になり、それにさらされないと女性型の外性器となるのである。

このように、胎児期の第8週目までは生物学的には「性的両能期」といわれ、両性に差

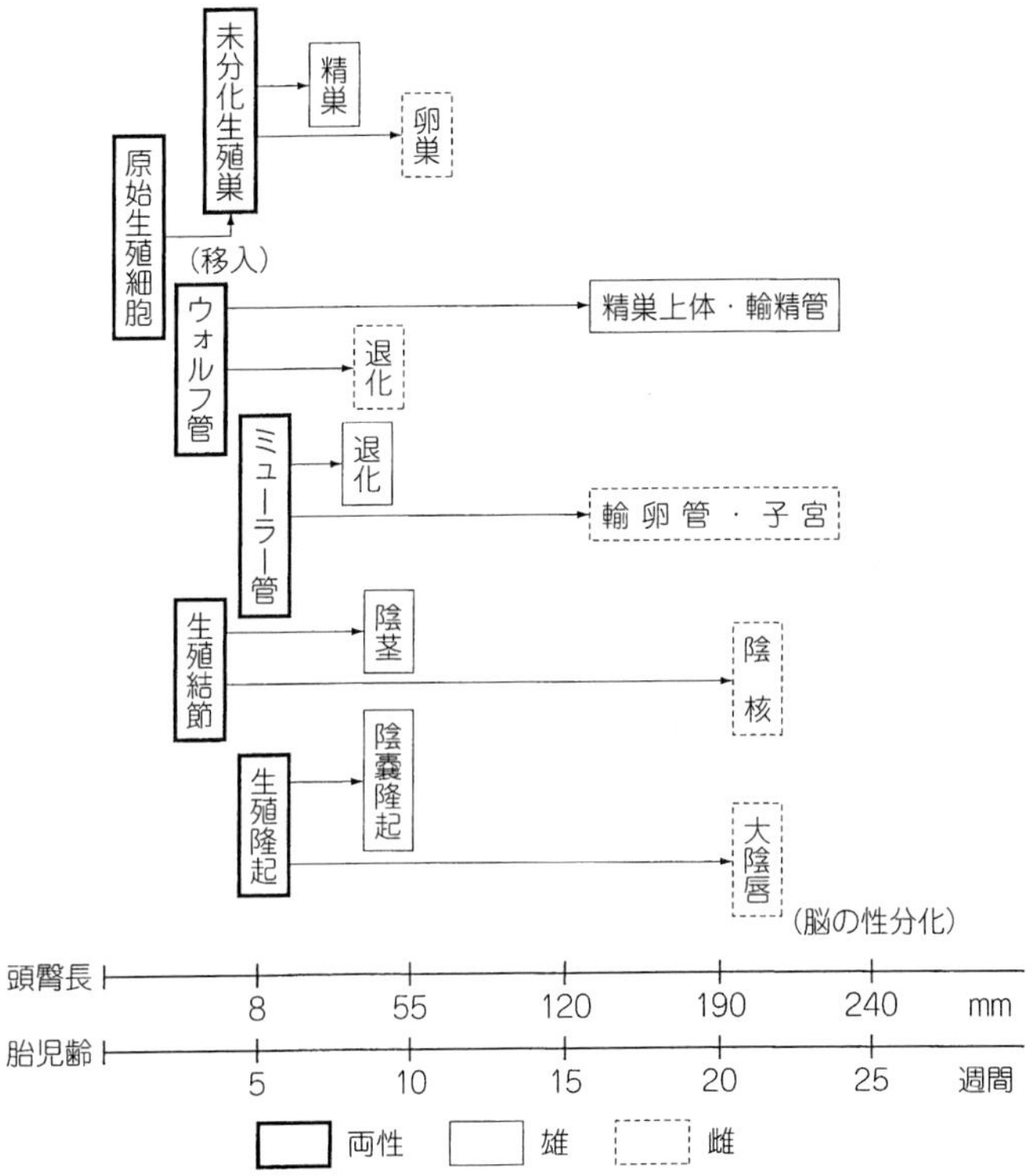


**図 8－1**　ヒト胎児の発育と性分化の過程

性腺、輸管系、外性器、そして脳の各性分化の過程を、頭臀長と胎児齢との関係がわかるように示してある。頭臀長とは、頭の先から臀部までの長さをいう（Jost, 1958, 川上, 1982 による）。

がない。その後に、それぞれの性に分かれていくのである。だがその基本は女性型にあり、Y染色体のある遺伝子がある場合、精巣からのホルモンの作用によって男性化へと進み、全体として男性の外性器づくりがおこなわれる。このように「デフォルトまたは基本型は女性型であり、男性は女性のバリエーションである」という原則は、ヒトだけではなく、哺乳類全般にあてはまる性分化の共通原則であることが知られている。

## 4　女の脳から男の脳がつくられる

ヒトの脳にも性分化が生じるが、それは胎児期の5ヵ月以降だと考えられている。この時期に、脳が男性ホルモンのアンドロゲンにさらされることによって男性型の脳ができ、アンドロゲンがないと女性型の脳が形成される。つまり脳も、基本形は女性型なのである。この脳の性分化には臨界期があり、この時期を過ぎてしまうと、もはやアンドロゲンにさらされても男性型の脳は形成されない。このように、男性ホルモン環境下で男の脳の神経回路網がつくられ、このホルモンのない環境の下で、女の脳の神経回路網がつくられていく。

## 5　大脳半球機能の性差

一般に男児と女児を比べると、女児の方がことばを覚えるのもおしゃべりをするのも早い。また女性は言語障害を起こすことがきわめて少なく、言語操作能力に優れているといわれる。他方男性は、3次元的な空間処理能力が女性よりも優れていることが指摘されている。もちろんこれは、すべての男女がそうだというわけではなく、統計学的にそういう傾向をもっているということである。

この理由であるが、女性の脳が男性の脳にくらべて、左半球と右半球を接続する「交連」システムが女性で大きく、左右半球機能の共有の度合いが高いからだとする見方がある(Kimura, 1999)。つまり、女性は左右半球の機能の連絡がよく、他方男性は、両機能の分化の度合いが高いわけである。

女性の言語機能が優れているのは、言語機能が左半球優位ではたらくといっても、左半球だけで処理するにはあまりにも複雑すぎ、女性では右脳も大いに参加するためと考えられる。言語を使いこなすことは、言語以外の直感、感情、非言語的理解、意識などもからんでくるので、このような左右脳の間での相互作用が必要なのである。

## 6　遺伝的性の矛盾

### ターナー症候群

ターナー症候群は性染色体構成に欠損があり、男性分化を方向づけるY染色体がないので、女の子として生まれる。しかしX染色体も一個しかないので、性腺の生殖細胞の発達がおもわしくなく、卵巣はほとんど萎縮した状態のままで、女性ホルモンの分泌がすくないために、無月経、不妊症となる。幼児期、思春期を通して身体的発達がきわめてゆるやかで、身長が低く、乳房の女性的発達があまりみられない。4000人から7000人に一人の割合で発生するといわれる。

### クラインフェルター症候群

やはり性染色体構成の異常によるが、Y染色体があるので男性へ性分化し、男の子として生まれる。思春期を過ぎるまで何の問題もなく育っているように見える。陰茎の発育もほとんど正常なので気づかれにくいが、睾丸の発育が悪く、精液検査で強度の無精子症を示したりする。体型的には細長型が多く、女性のように乳房が発達することもある。

## 7　妊婦のストレスが同性愛を生む可能性

1944年から1945年に生まれたドイツの男性にかなり同性愛者が多いという報告がある（図8－2）。この時期ドイツは第二次世界大戦の激しい戦争状態下にあった。母親が強度のストレスにさらされたことは間違いないところであろう。母親のストレスが原因で、その子どもが同性愛者になるというのである。

実際に、72名の両性愛または同性愛男性とこれと同数の異性愛男性について比較し、その母親が妊娠中に強いストレスを受けた経験があるかどうかが調べられた。その結果、同性愛男性のうちの約3分の1に当たる母親が、妊娠中に心痛事に悩まされたり、戦争による突然の夫の死亡やレイプなど、精神的に強いショックを受けたことがあることがわかった。また残りの2分の1についても、中程度のストレス環境が認められた。そのため、妊娠中の体内での性分化時に、アンドロゲンが不足または過剰に分泌され、それが子どもの

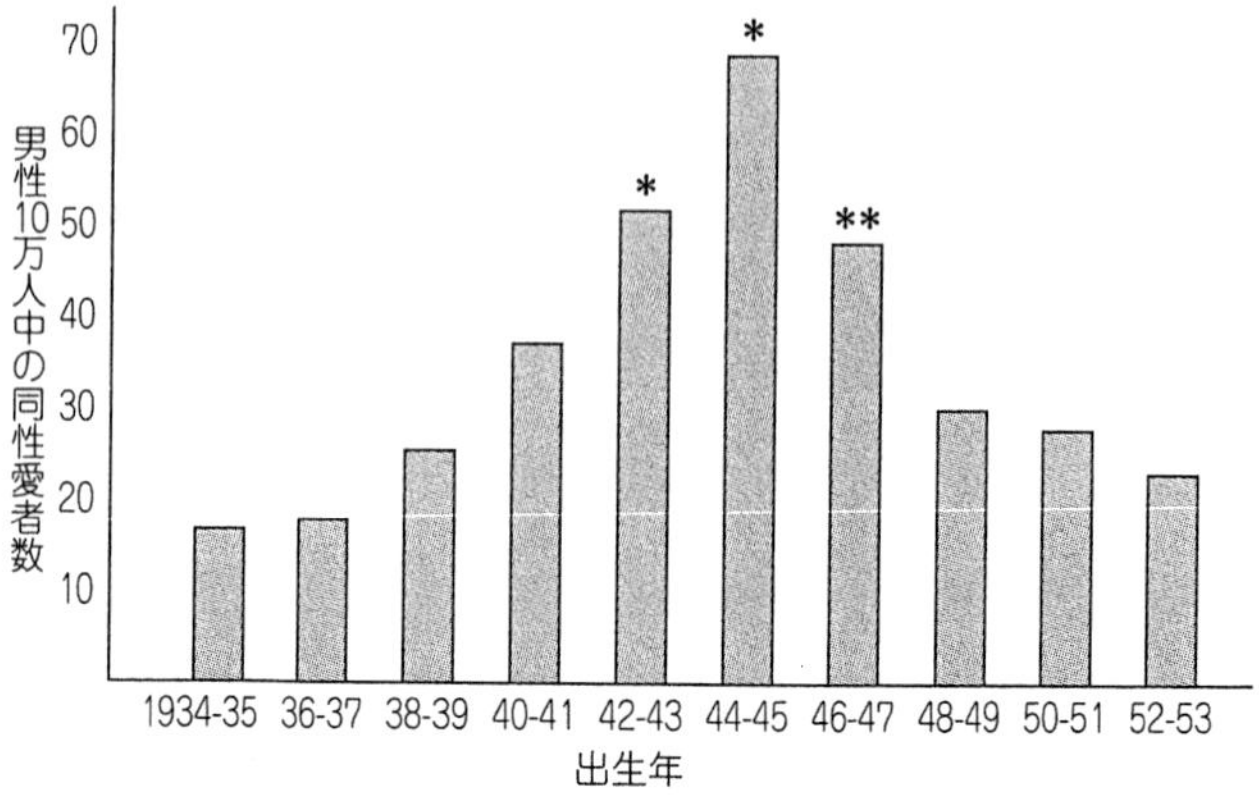


**図 8－2**　第二次世界大戦前後にドイツで生まれた男性のうち、同性愛に陥っている人の数を、出生年別に分類した。*印（p<0.0001）および**印（p<0.001）は、同性愛者が1934-39年および1948-53年に比べて、有意に多いことを示す（Dörner, 1980; 川上, 1982 による）。

同性愛をつくる原因になったのではないかと指摘されている。このメカニズムは、ネズミにおける実験結果では確かめられているが、人間にも当てはまるのではないかという可能性が示唆されるのである。

## 8　男らしさ・女らしさ

「男らしさ」「女らしさ」とは、具体的にどんな内容を意味しているのだろうか。中学生で調べた調査結果によれば、男子中学生のいう「非常に男らしい性質の人」というのは、「はきはきした態度で他人に接し、責任感が強く、正義感があり、くよくよしたり、おしゃべりしたりせずに積極的に行動し、明朗で忍耐強く、ささいなことにこだわらない人」である。他方女子中学生の見方は、これに「寛容で、女子に親切に振舞える人」「うらおもてのない、さっぱりした性質の人」が加えられる。

これに対して女子中学生のみた「非常に女らしい人」というのは、「やさしく親切で、言葉づかいのきれいな人」「しとやかでやや控え目に行動する人」となる。他方、男子中学生のみた「女らしい人」は、これに「男の子の遊びをしない人」「口答えをしない人」が加えられる（詫摩、1986）。

男らしさ・女らしさは、主として社会文化的な環境によって形成されることは、今日では誰も疑わないであろう。大人は赤ちゃんや幼児に対して、無意識のうちに、それぞれの性に見合った対応をとっている傾向がある。たとえば、赤ん坊を第三者の母親にあずけ、男の子なのに女児の装いをして短時間遊んでもらうように頼むと、傍らにある人形を与え、やさしく接するのが観察される。女児には、女の子らしいオモチャをあたえ、話し掛けもしとやかにするが、他方男の赤ん坊には、車や音の出るようなオモチャを与え、元気のある態度で対応するのである。

文化が成熟すると、モノセックス化するという見方がある。最近の小・中学生の言葉づかいをみていると、女生徒が「おめえ」などという言い方を当たり前のように使用している傾向があり、女性の男性化傾向をうながす社会的背景が反映しているのかもしれない。

# 第9章

# パーソナリティの測定法

次の質問に、「はい」「いいえ」で回答してみよう。

1 パーソナリティ・テストに対する答えは、無意識的なゆがみを受けやすい。
2 パーソナリティ・テストの結果は、誤解されることがよくある。
3 パーソナリティ・テストの得点は、慎重に解釈されるべきである。
4 パーソナリティ・テストは、役に立っていることが多い。

上の質問にすべて「はい」と回答すれば、それは心理学者の見方と同じである。心理テストにはいろいろと問題があるのは事実であるが、それでもやはり実際に役立っていると、多くの心理学者が考えている（Weiten, 1997）。

## 1 パーソナリティ・テストの利用目的

パーソナリティ・テストはどんなとき、どんな理由で使われるのだろうか。クラインマンツ（Kleinmuntz, B., 1985; Weiten, 1997）は、その理由を四つあげている。

### Ⅰ　臨床的診断

パーソナリティ・テストは、心理的障害のある人に関して、その診断のために臨床の専門家によってよく利用される。もちろん、テストだけで診断が行われるわけではないが、診断の結論を出す場合に役立つからである。

### Ⅱ　カウンセリング

テストは、個人的な多様な日常的問題に答えるために利用される。カウンセラーは進路選択、職業選択などを援助するためにテストを利用する。

### Ⅲ　パーソネル・マネジメント（人事考課）

標準化されたパーソナリティ・テストは、会社、政府、軍隊などで選抜のために利用される。

### Ⅳ　研究目的のため

パーソナリティのある局面を正確に知ることが研究にとって重要な場合がある。たとえば、内向性という性格と子育てのあるスタイルが関係するかどうかを研究したいとすれば、親が内向性のテストを受けていれば、問題が明らかになりやすい。

## 2　テストの満たすべき基準

### ■標準テスト

今日ではさまざまな心理テストが公にされているが、それらのなかには偶然的な観察資料や客観性を欠くような判断にもとづいているものもある。心理テストはできる限り客観的な資料、標本にもとづいて目的とするパーソナリティの評価を得るようにつくられなければならない。この目的のために、テストの妥当性と信頼性をパスしたテストを標準テストとして認めている。

### ■妥当性

これは測定しようとしているものを正確にとらえているかの保証の問題である。「正直さ」を測るテストが本当にそれによって正直さが測られているかを確かめる必要がある。これにはいろいろな方法があるが、この正直さを測っている別の標準テストがあれば、それも同時に行って照合して確かめる。あるいはその人が正直であることを知っている人がいれば、それによって経験的臨床的手段によって確かめるなどの手続きが必要になる。

### 信頼性

あるテスト期間をおいて再テストしたところ、まったく違った結果が得られるようでは、信頼できないことになる。そこで、同じ人に同じテストをある期間をおいて、再度テストする「再テスト法」を利用する、あるいはテスト項目を半分に分けて、同じ人にテストして結果を比較する「折半法」などによって得られた資料から、信頼係数のような統計的手段によってテストの安定性を調べる。

このようにして、テストの客観性を獲得することを、「標準化」と呼んでいる。

## 3　質問紙法

パーソナリティ・テストは、大別して自分の特徴的な行動に関して一連の質問項目に個人的に回答する形式の「質問紙法」(self-report inventories) と、あいまいな刺激材料を示して、比較的自由な反応をしてもらい、その資料を基に測定する「投影法」(projective

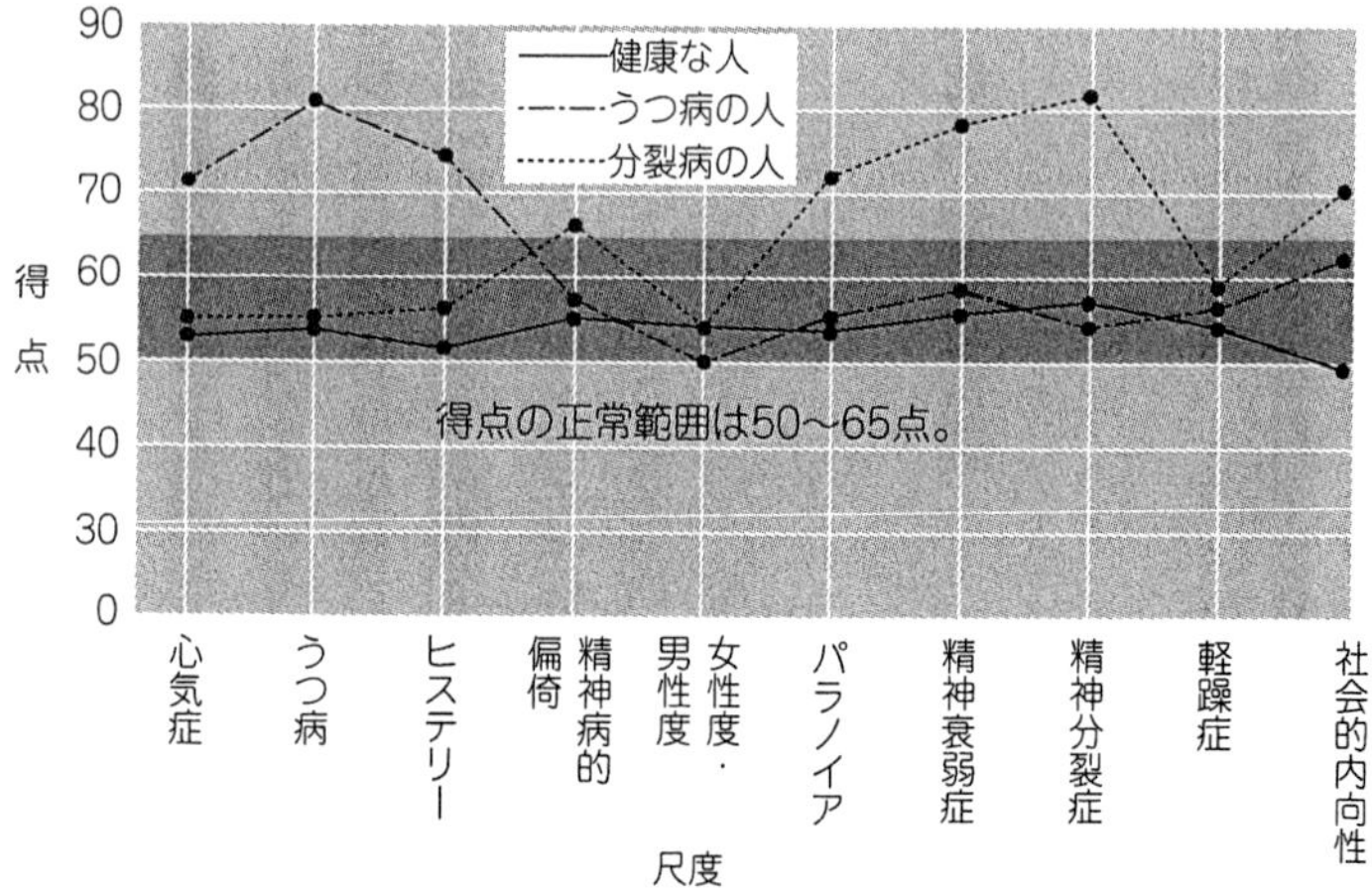


**図9-1**　MMPIプロフィール（Weiten, 1997）

tests）が代表的なものである。

質問紙法は、たくさんの質問項目からなり、それぞれに対して回答の選択肢が複数ある形式のもの、あるいは質問に対してそれがどれくらいの程度あてはまるかを目盛り（尺度）によって答えるものなどがある。かなり一般的に利用されているテストの例としては、ＭＭＰＩ、矢田部‐ギルフォード性格検査、ＴＡＩＳなどがある。

## ■ MMPI（Minnesota Multiphasic Personality Inventory）

一般にＭＭＰＩといわれるが、正式には「ミネソタ多面人格目録」という。このテストは最初、１９４０年代に、精神障害者の診断のため臨床家を援助する目的でつくられた。質問項目が５６７問もあり、その数の多さでも有名である。これらの項目は14の下位尺度に分かれ、そのうちの４尺度が妥当性尺度になっているという特徴がある。つまり、回答者が不注意に回答しているか、不誠実な回答をしているかを診断できる尺度になっている。残りの10尺度は、パーソナリティの多面的側面を測る項目である。図９‐１に示すように、下位尺度のプロフィールによって診断が行われる。

## ■ 矢田部‐ギルフォード性格検査（Y‐Gテスト）

１２０の質問に対して「はい」「いいえ」「どちらでもない」と回答する。診断尺度は因子分析によって得られた12の特性群に分けて得点化され、これらの特性群のもつ全体のプロフィールでパーソナリティの類型を診断する（図９‐２、表９‐１）。

これらのプロフィールによる類型は典型的には、以下の５類型に分けられる。

（A）平均型　　：とくに特性に偏りがない。
（B）右寄り型　：情緒不安定で衝動的な傾向。
（C）左寄り型　：おとなしく情緒安定的傾向。
（D）右下がり型：情緒安定積極性。社会的適応力があり、活動的な傾向。

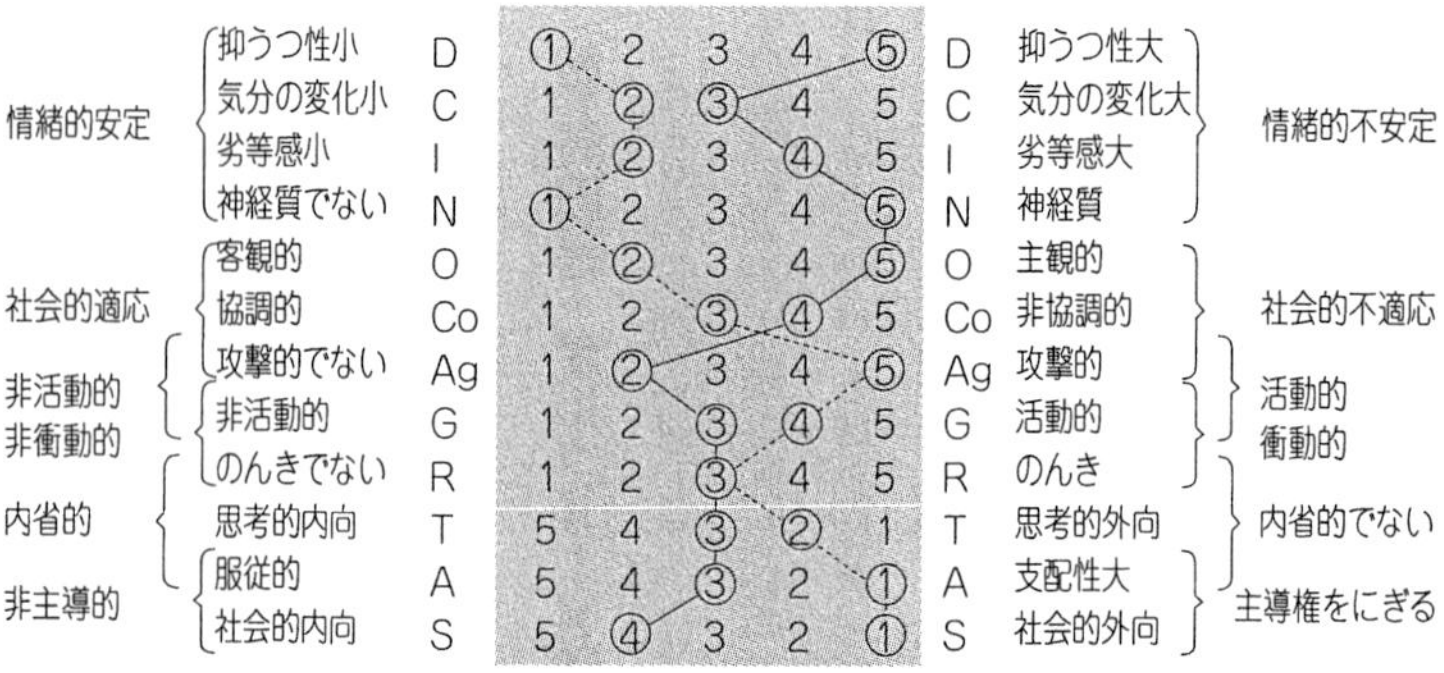


**図 9-2　矢田部 - ギルフォード性格検査のプロフィール**
（矢田部ほか, 1955; 村田, 1983 による）

実線のプロフィールは左下り型で、情緒不安定、内向性、消極的な性格を示す。これに対して破線のプロフィールは右下り型で、情緒安定活動的で、社会的適応力がある。

**表 9-1　矢田部 - ギルフォード性格検査の12の尺度**
（矢田部ほか, 1955; 村田, 1983 による）

| | | |
|---|---|---|
| D | 抑鬱性………………… | 陰気、悲観的気分、罪悪感の強い性質 |
| C | 回帰性傾向…………… | 著しい気分の変化、驚きやすい性質 |
| I | 劣等感の強いこと…… | 自信の欠乏、自己の過小評価、不適応感が強い |
| N | 神経質………………… | 心配性、神経質、ノイローゼ気味 |
| O | 客観的でないこと…… | 空想的、過敏症、主観性 |
| Co | 協調的でないこと…… | 不満が多い、人を信用しない性格 |
| Ag | 愛想の悪いこと……… | 攻撃的、社会的活動、ただしこの性質が強すぎると社会的不適応になりやすい |
| G | 一般的活動性………… | 活気な性質、身体を動かすことが好き |
| R | のんきさ……………… | 気がるな、のんきな、活発、衝動的な性質 |
| T | 思考的外向…………… | 非熟慮的、瞑想的および反省的の反対傾向 |
| A | 支配性………………… | 社会的指導性、リーダーシップのある性質 |
| S | 社会的外向…………… | 対人的に外向性、社交的、社会的接触を好む傾向 |

（E）左下がり型：内向的非活動的、適応力が弱い傾向。

### TAIS（注意・対人スタイル診断テスト）

人の注意の向け方には、外部環境の側に向いているか自分の内面に向いているかの方向性の次元と、その注意の仕方が浅く広いか、一点に狭く集中的かという注意の仕方の次元の、2次元がある。この組み合わせから、四つの注意のタイプが分けられる（図9-3）。TAIS（Test of Attentional and Interpersonal Style）はこのタイプを診断し、注意のあり方がその人にとってふさわしいものかどうかを、さらに情報処理量との関連で判断するテストである。標準化された日本語版は104の質問項目からなっているが、診断尺度は17の下位尺度を含む（表9-2）。これらの尺度は「注意尺度」「コントロール尺度」「対人スタイル尺度」にグループ化されて、とくに注意尺度のバランスによって全体のプロフィールを診断するという特徴をもつ（図9-4）。

### 質問紙法の長所・短所

質問紙法の利点は、パーソナリティの特性を主観的な判断に依存しないで、それを客観的な方法によって調べることができる点にある。しかし、質問紙法はある特性傾向を測るた

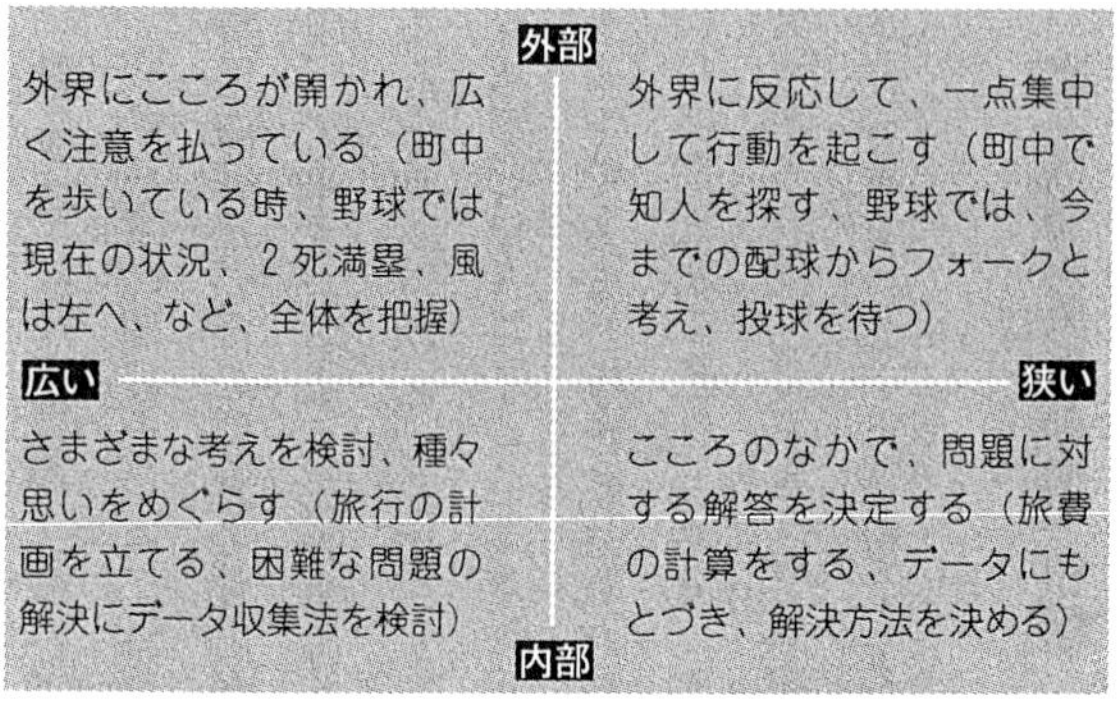
外部
外界にこころが開かれ、広く注意を払っている（町中を歩いている時、野球では現在の状況、2死満塁、風は左へ、など、全体を把握）
外界に反応して、一点集中して行動を起こす（町中で知人を探す、野球では、今までの配球からフォークと考え、投球を待つ）
広い
狭い
さまざまな考えを検討、種々思いをめぐらす（旅行の計画を立てる、困難な問題の解決にデータ収集法を検討）
こころのなかで、問題に対する解答を決定する（旅費の計算をする、データにもとづき、解決方法を決める）
内部

**図9－3**　注意の4タイプ（加藤・細川, 1995）

**表9－2**　TAISの17下位尺度（加藤・細川, 1995）

| | |
|---|---|
| **BET**（Broad external attention） | 広く一外部への注意 |
| **OET**（External overload） | 外部刺激によるオーバーロード |
| **BIT**（Broad internall attention） | 広く一内部への注意 |
| **OIT**（Internal overload） | 内部刺激によるオーバーロード |
| **NAR**（Narrow attention） | 注意の焦点が狭い |
| **RED**（Reduced attention） | 注意の焦点が少なすぎる |
| **INFP**（Information processing） | 情報処理 |
| **BCON**（Behavior control） | 行動のコントロール |
| **CON**（Control） | 対人場面で自分をコントロール |
| **SES**（Self-esteem） | 自己尊重 |
| **P/O**（Physical orientation） | 身体志向 |
| **OBS**（Obsessive） | 決断できない |
| **EXT**（Extraversion） | 外向性 |
| **INT**（Introversion） | 内向性 |
| **IEX**（Intellectual expression） | 知的表出 |
| **NAE**（Negative affect expression） | 否定的感情表出 |
| **PAE**（Positive affect expression） | 肯定的感情表出 |

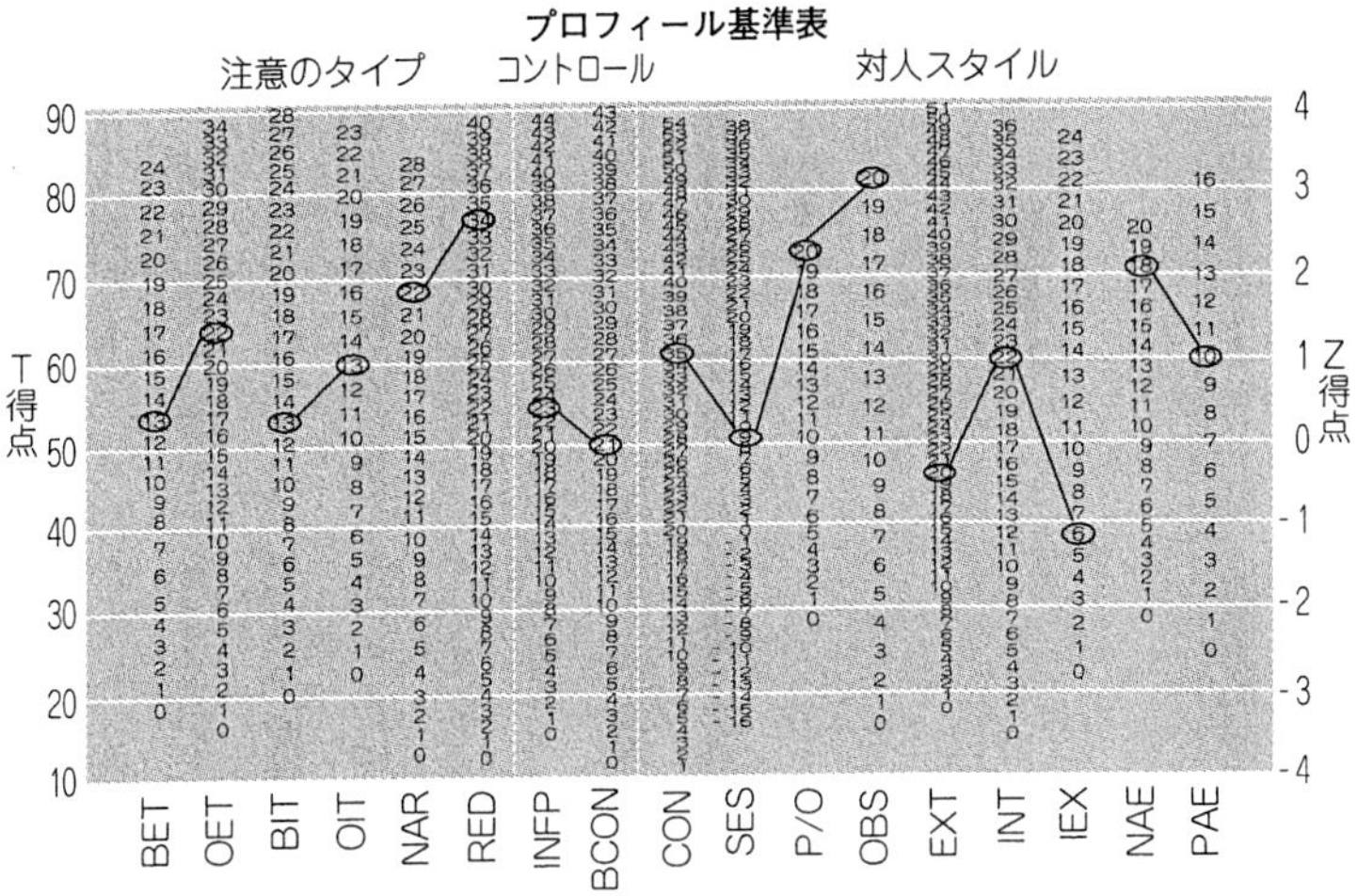


**ケースレポート**

基準のデータ（大学生）と比べて情報を扱う能力は平均的レベルだが、自分の外部の情報にも内部の考えにも、すぐ困惑を感じてしまう。注意を狭くしすぎる傾向が強く、周りのことにとらわれて自分を見失う可能性がある。

対人的状況をコントロールしようとする意欲はあるが、比較的内向的で、決断ができず、知的な会話も楽しめないなどで否定的な感情が強く、少し自信を失っている。

**図 9-4**　TAISプロフィール診断例（加藤・細川, 1995）

めに似たような質問がいくつか含まれているので、テストの意図が検査を受けた人にわかってしまう面がある。そのために、そのような特性を測る項目に対して、受検者は、①意図的にあざむく回答をすることができる、②社会的の望ましい傾向を測っていると思える質問には、自分を良く見せる回答をする、③回答者の構えなどが影響する、という問題がある。回答者の構えというのは、たとえば、質問内容に関係なく、何でも「はい」と答える傾向や、反対に「いいえ」と回答する傾向などである。

このような回答の偏りがあると、テストは本来の目的を達成できない。テストによっては虚偽尺度を設けて回答者の誠実性を測ることができるものもあるが、心理テストが回答者の利害に関係することに使用されるとわかっている場合には、とくにこのような短所が反映しやすい。

## 4　投影法

投影法によるテストは、臨床的研究でとくに利用される。このテストにおいては、受検者は漠然としたあいまいな刺激を与えられ、自分のニード、感情、性格特性などを反映す

**図9-5**　ロールシャッハ・テストの図版（見本）

るような方向で回答を求められる。このテストの代表としては、ロールシャッハ・テスト、TAT（主題統覚検査）などがある。

## 投影法テストの仮説

あいまいな刺激を提供することで、この刺激の上に回答者の特徴的な関心、心の葛藤、願望などが投影されると考えられている。

ロールシャッハ・テストは、10枚のインクブロットからなっていて、それらのインクブロットのなかに、どんなものが見えるかを回答する（図9-5）。他方TAT（主題統覚検査、Thematic Apperception Test）は人物を含む何枚かの単純な絵を見せ、どんなシーンなのか、主人公の感情はどうなっているか、最後にこの絵の結論はどうなるか、などについて回答してもらう。

この他の代表的な投影法としては、Ｐ－Ｆスタディ（絵画－欲求不満テスト）などがある。

投影法テストの得点化はたいへん複雑で、たとえばロールシャッハ・テストでは、回答の内容、オリジナル性、反応の質、反応数などがそれぞれの基準に従って分析される。他方ＴＡＴに対する物語は、ヒーロー、ニード、テーマ、そして物語の結果などが吟味される。これらのテストの採点、解釈は、それぞれの習熟者でないとできない。

## ■投影法の短所・長所

投影法の長所は、テストの意図が被検者にはわからないことである。したがって、被検者が意図的にテストに虚偽の回答をすることができない。テスト方法が間接的に目的を達成しようとしているために、被検者のパーソナリティの無意識的潜在的な側面をよくとらえることができる。

他方、短所としては、一貫性にかけるという信頼性の問題、意図した内容を実際に測定しているのかという妥当性の問題のあることが批判されているが、臨床家の間では広く使われている。投影法には主観的な面のあることは避けられないにしても、臨床家の経験とよく一致した結果が得られることが認められて世界中で広く一般的に使用されている。そのため資料も豊富にあり、多くの臨床家にとってたいへん貴重な情報を提供している。

質問紙法にしても、投影法にしても、テストにはいろいろなひずみがあるのは避けられない。しかしこれらのテストは、パーソナリティの評価にとってたいへん有効なものであることがたびたび証明されてきた。とはいえ、その施行と結果の解釈には十分な注意と訓練が必要であり、また目的に照らしてどのテストがふさわしいかも、慎重に考慮する必要がある。テストは上述した欠陥もあることをわきまえ、結果の解釈利用に際しては、慎重に対応することが大事である。

ここではテストによる評価・測定法の一部を紹介するにとどめたが、心理学においてはほかに、被調査者の現状、生活暦、家庭環境などを組織的に調べる「調査法・面接法」や、第三者の目で観察することによって理解しようとする「自然観察法・実験観察法」などもよく利用される。

# 第10章

# パーソナリティの障害

# 1　何が異常行動か

隣の住人があなたの家の玄関のドアを毎日勝手に2回ゴシゴシと掃除しに来たら、この隣人は正常だろうか。あなたの姪が自分を病気だと思って治療を求めて転々と医者を渡り歩いているとしたら、彼女は心理学的に健康といえるだろうか。

これらの例はなかなか複雑な問題を含んでいる。人は誰でも他人に対して正常だとか異常だとか言うが、しかし何が正常で何が異常なのだろうか。そして誰がそれを判断するのだろうか。時として意見が分かれたりするのは、よくあることである。心理的障害に対する診断をするとき、一般に専門家は以下の三つの基準を適用している。これらの基準に一つでも該当すれば、異常性が指摘される（Weiten, 1997）。

## ■ 規範からのズレ

人がある障害をもっていると言われる場合、その社会で容認できる範囲を超えているためであることはよくあることである。正常であるという基準は文化によって幾分違う。たとえば、「異性装」（transvestism）は、異性の服装をして性的な高ぶりを得るものであるが、今日の日本のような社会では、男性が女装することはその社会の基準からずれているために異常な行動とされるが、女性が男性的な服を着てもそうはみなされない。

### ■適応異常行動

人の日常的行動が損なわれるようになれば、心理学的障害があると診断される。たとえば、精神疾患や、あるいは過度の飲酒、コカインのような薬物によって社会的行動、職業的行動の質に支障をきたすようになれば、障害があると診断される。

### ■個人的苦痛

個人的苦痛がひどい場合に、心理学的障害があると診断される。たとえばうつ状態や不安の障害によって悩まされる場合にこの基準が適用される。うつ状態の人は、規範からずれているわけでも適応異常行動を示しているわけでもなくても、主観的苦痛を訴え、友人、親戚等を悩ますことになるので、障害をもっていると診断される。

正常と異常、心的健康と心の病という言葉は反対の言葉のように扱われるが、実際これらの間に明確な一線があるわけではなく、連続している（図10-1）。また本当の精神疾患

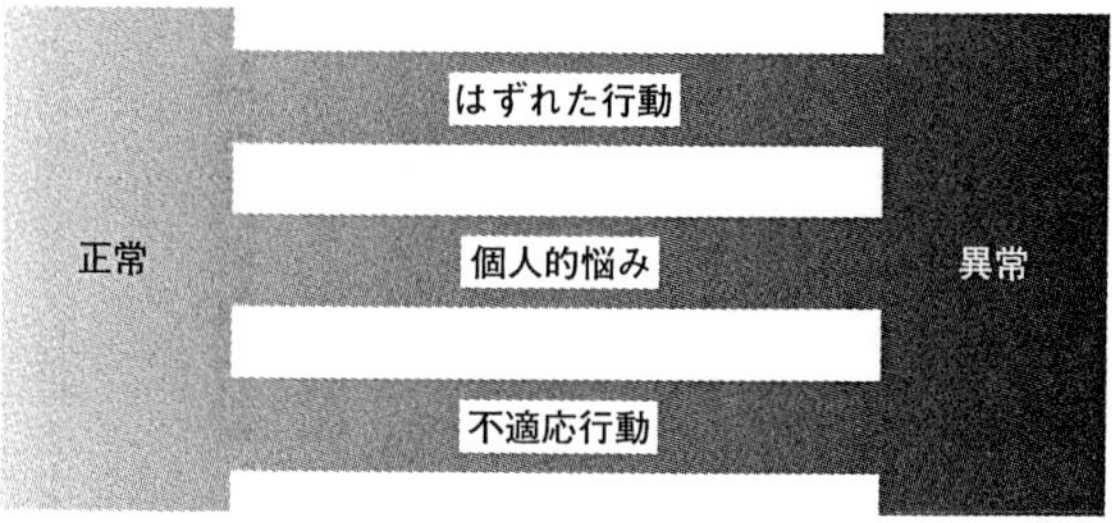


**図10－1**　正常と異常の連続性（Weiten, 1997）

患者でも、たいていは正常に振る舞っており、たまにずれた行動をするだけである。

## ２　心理診断――障害の分類

１９５２年以前のアメリカにおいては、心理診断のガイドラインはあいまいで公的なものではなかったが、心理学的障害の分類のための努力が払われて、この年アメリカ精神医学会は、１００の障害についての分類基準としてＤＳＭ-Ⅰを公刊した（ＤＳＭ＝心理障害の診断的・統計的マニュアル）。この改定版として１９６８年にＤＳＭ-Ⅱが出版され、その後も診断の一貫性が改善されて１９８０年にＤＳＭ-Ⅲが、さらに１９９４年にはＤＳＭ-Ⅳが出版されている。

ＤＳＭ-Ⅲ以降では多重診断システムが採用されており、

診断は5次元（または軸）に沿って行われるようになった。心理学的障害は、次元1（臨床的症候）と次元2（パーソナリティ障害）にもとづいて診断されるが、次元3（一般的な生理的障害、糖尿病など）、次元4（心理学的環境的問題）、次元5（機能的尺度の大まかな評価、職業的社会的行動の適応水準など）にもとづいて、障害診断の一貫性を得るような配慮がしてある。しかしこれでも心理学的障害の診断は完全なものではなく、さまざまな異論・批判があるのが現状である。

## 3　心理学的障害の例

心理的障害の分類は障害に対する見方によっていろいろであるが、比較的最近の事情も考察している分類を以下に簡単に紹介する（Weiten, 1997）。

### ■ 不安障害

これは過度の心配と不安の感情によって特徴づけられる障害である。主要な4種のタイプがあり、ロビンズら（Robins, L.N. & Rieger, D.A., 1991）の調査によれば、アメリカ人の約17％に発症するくらい、かなり一般的な障害である。

### a　慢性的不安障害

これはとくに恐れを抱くようなものがないにもかかわらず、慢性的な高レベルの不安によって特徴づけられる心理的障害である。そのために、この不安は「浮遊不安」と呼ばれることもある。この障害がある人は、昨日の失敗、明日の問題など常に思いわずらっている。とくに家族、お金、仕事、病気のことなど些細なことを思いわずらう。しばしば決断することを恐れ、それを際限なく気に病んでいて、震え、筋肉の緊張、下痢、めまい、気が遠くなる、発汗、動悸などの身体症状をともなう。

### b　恐怖症的障害

厄介な不安が特定の焦点をもっている場合の障害で、実際には何も危険をもたらさない物や場面に固定的な不合理な恐れを抱く障害である。恐怖症は特定のものに対するものではあるが、実際にどんなものにでも発展する可能性がある。とくに一般的なものは、図10－2に示すように高所恐怖症・閉所恐怖症・嵐恐怖症・水恐怖症、その他動物恐怖症・昆虫恐怖症などがある。恐怖症に悩まされている人は、それが理屈に合わないことだとは

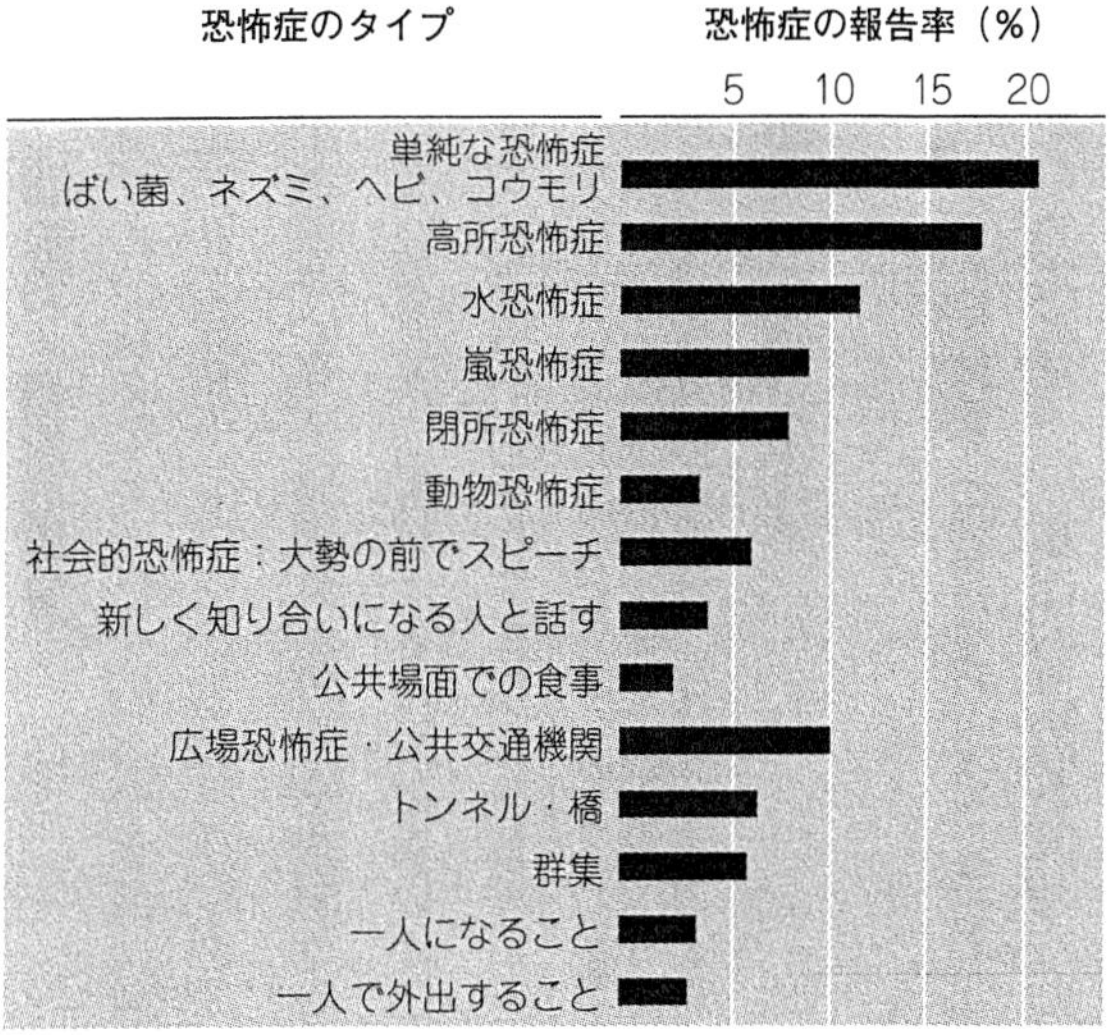


**図10－2**　一般的な恐怖症の発生率（Eaton et al., 1991; Weiten, 1997による）

理解していても、恐怖対象に直面すると平静ではいられなくなる。

### c　パニック障害と広場恐怖症

パニック障害は、突然また予期していないときに起こる極度の不安によって反復発作をともなう特徴がある。発作を繰り返すうちに、発作の起こりそうな予感をするようになり、外出して発作を起こす不安から外出を恐れるようになる。このことが広場恐怖をつくりだす。広場恐怖の名が示すように、これは恐怖症と思われがちであるが、最近の研究によれば、恐怖症よりもパニック障害に近いといわれる。しかし真相は不明の現状である。広場恐怖にかかるのは、そのほとんどが女性だという特徴がある。

### d　強迫的 - 切迫的障害

強迫は人を悩ますようにその人の意識に観念が襲ってくることであり、切迫はそれを実行するように強制されてしまうことである。したがってこの障害は、執拗な統制不能な強迫観念が襲ってきて無意味な行為を強制されることだといえる。強迫観念は人を傷つけるのではないかとか、失敗するのではないかとかに焦点があるが、切迫行為は何回も手を洗う、すでにきれいなものを何度も洗濯する、鍵を何度も確かめるなどの例がある。一般の人でもかなり強迫的面をもっているのであるが、本当の強迫的・切迫的障害の発生率は、アメリカの場合人口の２％ - ４％であるとの報告がある。障害としては、このうちの一方の障害だけの場合もある。

## ■ 身体表現障害 (somatoform disorder)

心身症的障害は、一部は心理的要因とくに情緒的苦痛によって引き起こされる純粋に身体的な病気である。この障害には三つの特殊なタイプがある。

### a　身体化障害（somatization disorder）

これは、最初に身体的病気が絶えず続いていると訴え、いろいろな病院を長いこと渡り歩いている。この病気を見分ける特徴は、心理学的なものであるとみられる多様な身体的訴えをする経過によって特徴づけられる。たいていの場合患者は女性である。

これにかかった人は、何年もの間、心臓血管系、胃腸系、肺や泌尿器系の訴えをしている。身体的な訴えが多様なのにもかかわらず、医者には心理的なことを訴える。

### b　転換障害（conversion disorder）

これは身体機能の一部を失う障害である。視覚・聴覚の一部または完全な喪失、部分麻痺、重症の咽頭炎または緘黙症、四肢の感覚機能喪失などの症状をともなう。この転換障害は、心身症的障害の場合よりもさらに重い病気によって悩まされているのが普通である。

この障害には、その原因が心理学的なものであることの手掛かりを教えてくれることがある。というのは、「手の麻痺」（glove anesthesia）の場合のように、手の部分だけの麻痺を訴え、神経学的組織と一致しない病気の心理学的起源を教えているからである（図10-3）。

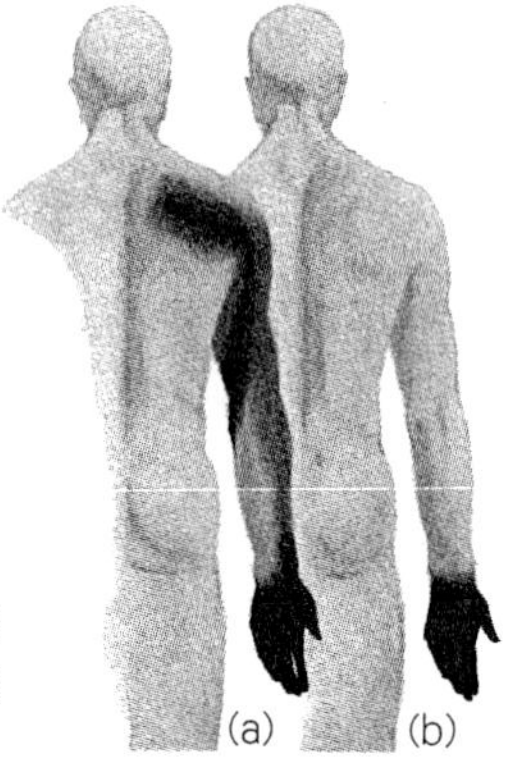


(a) 腕の神経学的分布
(b) 患者の訴える麻痺部分は手だけなので、神経学的事実と合わない

図10－3　手の麻痺感覚例（Weiten, 1997）

### c　心気症（hypochondoriasis）

心気症は、自分の健康に過大な先入見をもち、身体的病気になることを絶えず思いわずらっていることが特徴である。彼らは医者によって何も病気はありませんと保証されると、それを疑い不信感を抱く。そしてその医者は無能だと考え、ほかの医者にかかるのである。こういう人は病気になりそうなサインを過大に解釈する。

この病気はしばしば不安障害やうつなどの障害と一緒に現れることがある。

## ■ 解離性障害（dissociative disorders）

これはあまり一般的な症状ではないが、同一性の感覚の崩壊から、自分の意識や記憶の一部との接触感を失う障害である。これには解離性失認、解離性記憶失認、多重人格などがある。

### a　解離性失認・解離性記憶喪失

これらの障害は、普通の忘却に帰すにはあまりにも広範すぎる重要な個人的情報についての解離性失認・記憶障害である。記憶喪失は、自動車事故、自宅の火災などのようなトラウマになる事件やそのような事件の時間をさらに拡張した範囲に及んでいる。解離性記憶喪失では、自分の名前や家族の名前を忘れる、どこに住んでいるのか、どこで働いているのかを忘れてしまっている。しかし自動車の運転や算数の計算のような自分のアイデンティティと無関係なものは覚えている。

### b　多重人格

多重人格障害は、一人あるいは二人以上のかなり完全に異なる他のパーソナリティが一人の人のなかに共存する障害である。この障害に対する正式の呼び方は、最近のＤＳＭシステムでは「解離性同一性障害」となっているが、しかし伝統的なこの呼び方が広く知られている。

この障害者は、一つ以上の自分をもっていて、それぞれ独自の名前、記憶、特性、そして身体的くせがある。このパーソナリティ障害においては、元のパーソナリティは、それに代わるパーソナリティについては意識していない。反対に、代わるパーソナリティの方も、元のパーソナリティについては気づいていない。あるいは、お互いについて知っている程度が異なる。交代するパーソナリティの特性は、元のパーソナリティ特性とは違っていて、元のパーソナリティが恥ずかしがりやであるのに、代わったパーソナリティ特性は、激しい外向的パーソナリティ特性を示したりする。パーソナリティ交代はしばしば不意に起こる。

1980年代には、多重人格障害に関する診断が劇的に増加したが、突然のパーソナリティ転換の起こる理由については、まだまだ研究を蓄積しなければならない現状である。

## ■ 気分障害

気分障害は、身体的、知覚的、社会的そして思考的過程を崩壊させてしまう多様な種類の情緒障害によって特徴づけられる。これには基本的に「単極性の気分障害」と「双極性の気分障害」の2種類のタイプがある（図10‐4）。

### a　抑うつ障害

人は誰でもしばらくの間、一度ぐらいは抑うつ的になることがあるから、正常なうつと異常なうつとの間に一線を引くのはむずかしい。最終的には主観の問題だともいえる。判

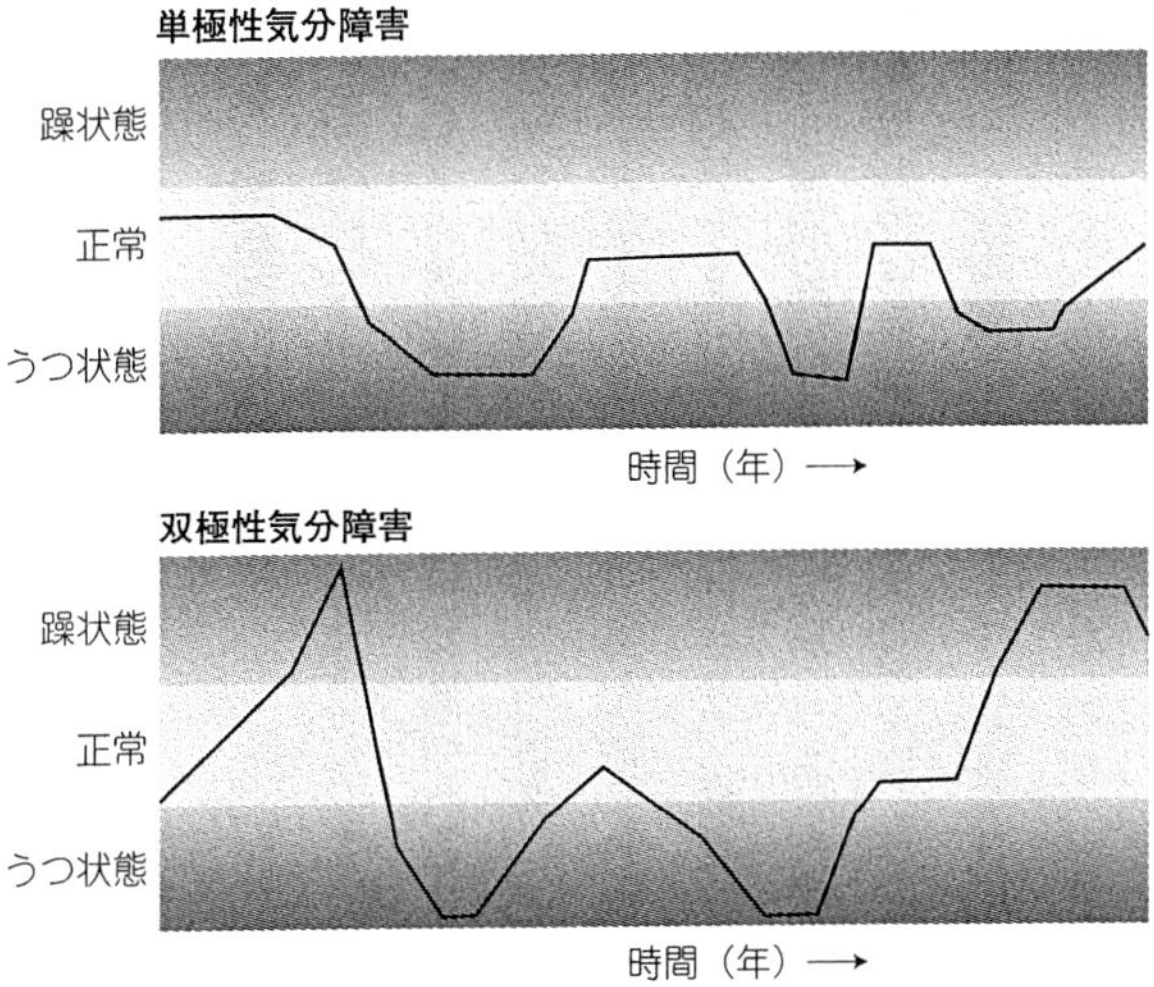


**図10－4**　気分障害（Weiten, 1997）

断の重要な要因は、そのうつの持続と阻害効果である。うつが1週間以上も続き、毎日の普通の行動を損なうようであれば、うつ病を疑う理由になる。

うつ障害になると、悲しみと絶望の感情が続き、以前に感じた喜びを感じなくなる。食べ歩きを趣味として楽しんでいた人がそれを止めてしまう。食欲がなくなり不眠に陥る。しばしばエネルギーをなくして、話しぶりが遅く、動作も緩慢になる。不安、いらだち、くよくよしがちになる。自分は価値がないのだと自己評価が低くなる。絶望感、憂うつ感、とめどない罪悪感に落ち込む。異常なうつのひどさは人さまざまだが、うつ病は、人生のどの時期においても起こり得るもので、年齢とはとくに関係しない。うつ病は、人口の7％ぐらいの割合で発生し、男性の方が女性の2倍発生するのはなぜなのかは、目下の研究者の関心事である。

## b　双極性の気分障害

これは以前には躁うつ障害としてよく知られていたものであるが、うつの時期と躁の時期の両方を経験することが特徴である。躁状態は図9-4のように、うつの正反対である。躁状態では気分が高揚し幸福の頂点に達する。自己評価はうなぎのぼりに高くなり、楽観主義でエネルギーに満ち、誇大妄想的な計画を立てる。行動は超活動的で眠らずに何日も働いたりする。早口でしゃべり、話題はあちこちに飛び、心は異常な速さで動く。判断はしばしば間違い、衝動的にギャンブルをし、お金を浪費し、性的無軌道ぶりを発揮する。

躁状態がやや緩やかな状態では、エネルギー高揚、自己評価の高まりなどが、一時的には生産的な創造的な成果をあげることも報告されている。しかし双極性気分障害は、究極的にはたいてい厄介なものになる。この障害の発生は年齢と関係があり、20歳代の発生率が高い。また発生率は人口の1％とみられるが、男女比に差はない。

## ■ 精神分裂的障害

これはその障害が知覚的社会的情緒的過程に影響するような、思考に障害をもたらすことが特徴である。

その一般的症状としては、次のようなものがある。

a **非合理的思考**――阻害された非合理的思考過程が、この障害の中心的特徴である。多様な幻覚がある。この幻覚のほかに、思考の連鎖が壊れる特徴がある。思考が論理的でも、線的でもなくなり、混沌とする。

b **適応行動の悪化**――一般に仕事や社会的関係において、日常的な機能の質が悪化する。

c **知覚のひずみ**――多様な知覚のひずみをともなうが、最も共通的なものは幻聴が発生することである。

d **情緒障害**――感情の変化がなく平板化するか、あるいは状況や話している内容にそぐわないような感情的反応をしたり、突然感情的になったりする。

下位タイプとして、次のような、四つのタイプがある。

a **妄想型**（paranoid type）――これは被害妄想や誇大妄想によって特徴づけられる。このタイプの人は、自分を悩まし抑圧するような多くの敵がいると信じ、家族、友人を疑うようになり、知らない人にまで被害妄想を及ぼすようになる。自分は監視されていて、悪意のあるやり方で操作されていると確信する。この被害妄想を意味づけるために、しばしば誇大妄想に発展する。自分はたいへん重要な人物であり、偉大な発明家、宗教家、指導者であると信じる。

b **緊張型**（catatonic type）――このタイプは、筋肉が硬くなるようなものから運動の活動が意のままにならないような著しい運動障害をともなうものまで、広範囲の運動障害によって特徴づけられる。極端な例では「不動麻痺」（catatonic stupor）に陥り、まったく動かないで周りの環境には長い時間気づかないでいるようにみえる。反対に緊張性の興奮に陥ることもあり、活動しすぎ、無意味な動きをしたりする。なかにはこの二つの極端な間を交代するのもある。

c **解体型**（disorganized type）――解体型（この名はＤＳＭ‐Ⅲによる。以前は破瓜《はか》型と言った）には、極端に適応行動が悪化する特徴がある。目立つ症状として、感情的な無関心、多動、完全な閉居、漫然としゃべる、「くすくす笑い」をするなどが一般的にみられる。

d **未分化型**（undifferentiated type）――これは明らかに分裂病的ではあるが、上の３タイプのどれにもあてはまらないもので、分裂病的症状が特異的に混合しているという特徴がある。このタイプはかなり一般的なものである。

## 4　心理学的障害と法律

われわれの社会は法律によって従うべき規範が定められている。異常行動に対しても、法律が重要な機能を果たしている。精神異常（insanity）という言葉は医学的な診断名ではなく、純粋に法律用語である。精神異常は、ある人が心の病のために自分の行為に対して責任をもつことができないことを示す法律上の身分なのである。

犯罪の審理においては、正気でない人は犯行の意図を持ち得ず、法律は、その行為に対する責任を追及できない。弁護人による精神異常者の弁護は、罪は犯したがその意図をもたなかったと主張することである。心理学的障害の医学的診断と法廷でいう精神異常との間に、単純な関係は何もない。

## 5　犯罪の被害者と情報公開

日本社会の法意識では、非行・犯罪の加害者が未成年である場合には、加害者の将来性を配慮して、加害者の情報を公開する際にかなりの保護がなされている。それに比べると、被害者やその遺族には、情報公開を請求しない限り加害者の情報が伝えられることは一般に行われていない。また、請求してもその情報は被害者側の納得するようなものではないとの不満がよく報道されるようになった。加害者と被害者が同じ子どもであるような場合、被害者の親は、なぜ自分の子どもが殺されることになったのか、加害者の動機は何なのか、その真相を情報公開してもらいたいと訴えることが稀ではなくなった。

犯罪者の若年化、犯罪の凶悪化が見られるようになり、最近になって、法学と心理学の接点を求めて、法学と心理学の研究者が学会を設立するようになったのも、このような日本社会の非行・犯罪現象と無縁ではない。

# 補章

# 読者へのメッセージ

心理学は、パーソナリティをどのように見てきたかについて述べてきた。
最後に、自分を理解する、ということについて述べ、また、とくに若い読者の方々に若干の希望を述べて、本書を閉じようと思う。

## 1　17歳少年事件――最近の少年事件をめぐって

近年新聞・テレビや週刊誌などのメディアには、よく「またまた17歳少年の事件……」という見出しが踊り、17歳が最近の凶悪事件を代表していて、しかもそのような事件が増加傾向にあると報道されている。

このような事件が実際増加しているのかどうかとなると、統計的には少年事件は逆に減少していると反論している研究者もいる。しかし犯罪統計の実数（件数）の増減だけでは、その質的変化が見えない。

少年事件の内容や質が一時代前とは確実に異なってきたという面が、確かにあるように思われる。たとえば、少年が５０００万円（５４００万円ともいわれる）を恐喝されたという事件があった。いくらバブル経済の後とはいえ、やはり度肝を抜かれるような金額であり、それを脅し取って使った側の少年たちの心理にも、脅し取られた側の親子の心理にも、異常性を感じないではいられないだろう。

たしかに著者の中高生時代にも「悪《わる》」といわれる生徒がいて、金品を脅し取っていたが、家から持ってこいとは言わず、その場で持ち合わせの金を巻き上げるといったものであった。だからお金を持っていませんと少なくとも嘘が通れば、身体検査をされてまで取られることはなく、その場は見逃されたのであった。

筆者の少年時代は日本全体が貧しい戦後のことであったから、金額も今からみると知れたもので、そういう時代の感覚が残っているからかもしれないが、かの少年が脅し取られた金額はまったく了解を超えた巨額であり、その金銭感覚、浪費感覚はやはり異常なのである。

件数は少ないとはいえ、少年が衝撃的な殺人事件を起こしていることも最近の少年犯罪の特徴であるように思える。しかも発作的にというより、最初から意図的に計画し、殺意をもって実行しているようである。殺人というものが人間にとってたいへん重い意味をもっていることはまったく心になかったようにもみられ、ゲーム感覚で実行しているのではないかと疑われて当然という行動をしている。

女子少年の非行・犯行も、時代を反映している。遊ぶ金欲しさに女子中学生が引ったくりをした事件などは、著者の記憶にほとんどない。女子非行といえば、非行仲間同士内でのリンチ、いじめであり、まったく無関係な市民をターゲットにする犯行は、やはり最近の社会的背景を映しているとみられる。

覚せい剤が校内で使用されたり売られたりしていることも、現代の社会状況の一面を物語っていよう。覚せい剤といえば、かつてはごく限られた範囲内で暴力組織の手を通してしか入手できないものであった。それが現在では、携帯電話というたいへん現代的な通信手段を使い犯行が判明しにくいことも手伝って、路上で売人から簡単に入手できるという社会状況が背景にある。

## 2 思春期・青年期の問題行動

思春期・青年期は、自我の確立をはかる過程にあり、心理的にたいへん不安定な時期である。思春期危機・思春期挫折などと呼ばれるように、いわゆる不登校・家出・有機溶剤（シンナー）乱用・性的逸脱行動・自殺・校内暴力・家庭内暴力・各種非行・過食や拒食の摂食異常・神経症・各種精神障害など、さまざまな不適応行動・異常行動を起こしやすい時期である。

青年期に不適応行動が発生しやすいのは、一つには、この時期に、身体的、精神的なエネルギーが飛躍的に増大し、それに呼応してさまざまな欲求・衝動が湧き出るが、しかしこれらのエネルギーが、スポーツ、趣味、勉学などの合理的な方法、あるいは社会的に望ましい手段で発散されるとは限らないからである。

これらのエネルギーに向き合って対処する過程で、不安・緊張・不満による憎しみ・怒り・焦り・悲しみ・無力感・恥・劣等感・罪悪感・不信感・恐怖感などに具体的に対処しなければならない。この対処過程で青少年のパーソナリティにひずみが生まれやすい。

大多数の青少年は、いろいろとつまずきながらも、スポーツ・趣味・交友・勉学などの望ましい方向で合理的にこうしたエネルギーに対応していこうと努力してこの時期を経過するが、一方で学歴主義・管理主義・競争社会・画一化への圧力・人間関係の疎遠化・道徳意識の希薄化・マスメディアを介した有害環境の拡大といったような社会環境に由来する負の影響や、他方では過保護・放任・愛情欠如・耐性欠如・道徳意識欠如・自立性欠如・否定的自己意識・高すぎる理想・厳しすぎる良心といった家庭環境に由来する不適切な親の養育態度によって、大きくゆがめられ、不適応に向かってしまうことがあるのもこの時期の特徴である。

この場合の不適応の方向は、青少年のパーソナリティのひずみのあり方と、状況的要因次第で、非行・暴力・いじめなどの反社会的な行動に向かったり、摂食障害のような心身症や神経症・不登校や引きこもりのような無気力反応・自殺など、自分の内側に向けられる非社会行動となったりする。

## 3　自分を知るのはむずかしい

### ■ 自我関与

自分を知るのがむずかしい理由は、二つある。自我関与と自我防衛機制のためである。他人の欠点などは手にとるようにわかるのに、自分のこととなると客観的に見ることができない。むしろ自分の都合のよいようにしか見ようとしないと言った方が正しいかもしれない。かの哲学者ニーチェは、こう言っているそうである。

「私の記憶は、私がそれをやったという。私の自尊心は、私がそれをやったはずがないと言い張る。そして記憶が負かされる。」

これが自我関与である。自分の主観的感情に関わることほど、自分の都合のよいように納得しようとする心のはたらきがある。

政治家に賄賂を贈った疑いで国会に証人喚問された会社の社長が「そのようなことは、記憶にございません」と国会で繰り返し答弁して、「記憶にございません」が一時流行語のようになった。すでに社会的に相当な疑いが向けられていたにもかかわらず、直接的証拠がなければよいと判断したこの社長は、「記憶にございません」と言い逃れることに専念したのだった。

このように、人は自我を守るために、自分の意識をまげてまでも自分を偽らなければならない。そのためには、嘘もつかなければならない。そして常に嘘を言い続けていると、自分でも嘘を言っているのかどうかわからなくなることがある。虚言症という病気である。見栄や自尊心の強さのために、自分の実際の姿を見失ってしまうことがよくある。それは、自尊心が傷つくのを恐れるからである。

## ■ 自我防衛機制

人はいろいろな生活場面での欲求を達成するために、現実的で論理的な解決法を見つけ

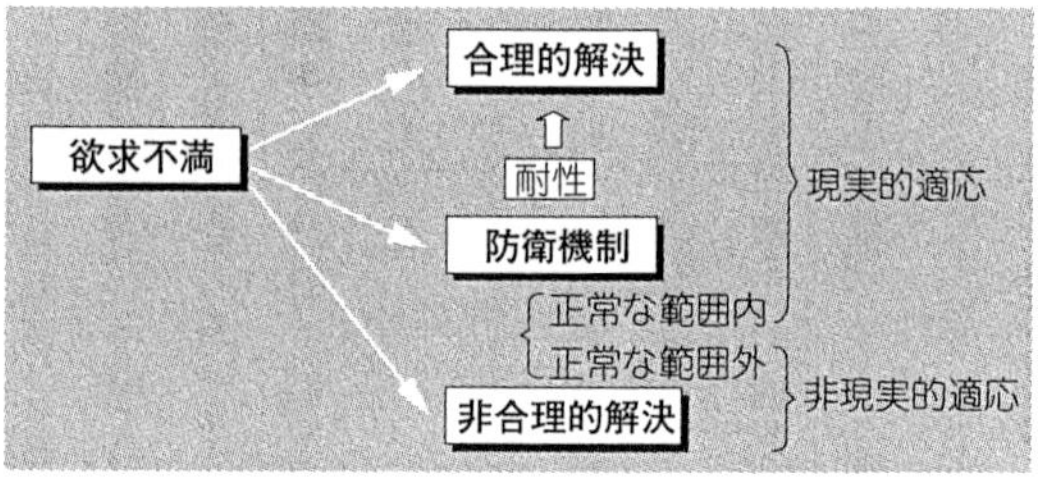


**図補－1**　欲求不満と自我防衛機制（北尾ほか, 1997）

て行動する。しかしすべてがうまくいくわけではないから、欲求阻止状況に陥ることもしばしばである。

フロイトによれば、そのようなときに感じる不安、罪の意識などから自我感情を守るために、無意識のうちにとる反応が自我防衛機制（ego-defense mechanism）である。そのような不安を一時的に回避しようとして、現実を無視したり、ゆがめたり、弁解したりして自尊心が傷ついたりすることから本能的に自分を守ろうとするように心がはたらく。

このような自我防衛機制にはさまざまな心理が反映するので、多様なかたちのものがある。多くは日常観察されるもので、この機制そのものは異常というわけではない。しかし、これらの機制に過度に依存したり、習慣化したりすれば、病的な症状となる場合もある（図補 - 1、表補 - 1）。

表補－1　防衛機制のいろいろ（前田, 1985; 北尾ほか, 1997による）

| 種類 | 内容 | 病的 | 健康者 |
|---|---|---|---|
| 抑圧 | 苦痛な感情や欲動、記憶を意識から閉め出す。 | ○ | △ |
| 逃避 | 空想、病気、現実、自己へ逃げ込む。 | ○ | △ |
| 退行 | 早期の発達段階へ戻る。幼児期への逃避。 | ○ | ○ |
| 置き換え（代理満足） | 欲求が阻止されると、要求水準を下げて満足する。 | △ | ○ |
| 転移 | 特定の人に向かう感情を、よく似た人へ向けかえる。 | ○ | △ |
| 転換 | 不満や葛藤を身体症状へ置きかえる。 | ○ | |
| 昇華 | 反社会的な欲求や感情を、社会的に受け入れられる方向へ置きかえる。 | | ○ |
| 補償 | 劣等感を他の方向でおぎなう。 | | ○ |
| 反動形成 | 本心とウラハラなことを言ったり、したりする。 | ○ | △ |
| 打ち消し | 不安や罪悪感を別の行為や考えで打ち消す。（復元） | ○ | △ |
| 隔離 | 思考と感情、感情と行為が切り離される。（区分化） | ○ | |
| 取り入れ | 相手の属性を自分のものにする。同化して自分のものとする（取り込み）。 | ○ | ○ |
| 同一視（化） | 相手を取り入れて自分と同一と思う。自他未分化な場合は一次的同一化。（→融合、合体） | ○ | ○ |
| 投射（投影） | 相手へ向かう感情や欲求を、他人が自分へ向けていると思う。 | ○ | |
| 合理化 | 責任転嫁。 | ○ | △ |
| 知性化 | 感情や欲動を直接意識化しないで、知的な感情や考えでコントロールする。 | ○ | △ |
| 逆転 | 感情や欲動を反対物へ変更する。（サド→マゾ、のぞき→露出、愛→憎） | ○ | |
| 自己への反転 | 相手へ向かう感情や欲動を自己へ向けかえる。（対象愛→自己愛、対象への攻撃→自己攻撃） | ○ | |
| 自己懲罰 | 罪悪感を消すために、自己破壊的な行動をする。 | ○ | |
| 合体 | 相手にのみこまれる。象徴的な同化。（融合） | ○ | △ |
| 解離 | 人格の統合が分離してしまう。 | ○ | |

○…用いられる　△…用いられる場合もある

## 4　自己受容——自分を素直に認めること

上に述べたように、自分自身をありのままに認めることは容易ではない。ちょっとしたことにもカッとしないで、自分の気持ちや周りの要求に無理なく応答できること、偏見にとらわれたり、偽善を装ったりしないで自分の立場や姿をありのままに認めることを自己受容というが、これは一見簡単そうにみえて、なかなかできることではない。これができるようになるには、やはり自分の姿をある程度客観的に見ることができる態度を培う必要がある。自分の短所・長所を一度よく認識し、それを自分の姿の一部として納得しておく必要がある。自分には何も問題がないと思う人は、自分を見つめる態度がまだできていないといえる。

ただ、漠然と自分を知るといっても、やはりある程度は、その手段が必要である。これに関しては、『集中力』(加藤、１９９５)や『自己分析』(Horney, K., 1961)の付録にある「自己分析の手引き」が参考になろう。ホーネイは、次のような自己分析の方法をあげ、説明している。

## 5　自己分析のしかた

### ●自分を隈なく観察すること

自分の神経症的傾向を治したいとか、性格を改造したいと思うなら、漫然とそう考えるのではなく、たえず自分の心の動きに注意して「なぜ自分はそうなのか」をよく考える習慣をつくることが大事である。「別にこれといって直したいところなど思いあたりません……」と言う人は、抑圧しているものがあるか、自己分析の意欲がないからだといえる。子どもが病気になったときには、食欲は、体温はどうだ、枕が高くないかなど、どうにかして子どもの病気をよくしようと鋭い観察眼をはたらかせる。本当に自己改造にとりくもうとすれば、こういうときのように感じ方が鋭くなるはずである。

### ●焦点をしぼって観察すること

自分を漫然と観察するのではなく、最近イヤなこと、恥ずかしかったこと、癪に障ったこと、ガックリきたこと、あわてたことなどがなかったかを思い出し、焦点をしぼってそのときの感情の動きを観察するようにする。

**●原因がわからないときは、自由連想をすること**

場合によっては、自分の感情の原因がさっぱりわからないこともあろう。そのようなときには、自由連想をする。道を歩きながらとか、台所の仕事をしながら、あるいはバスを待ち合わせている間に、とりとめがなくてもよいから、思いつくままに連想をするのである。心のおもむくままにまかせる時間を過ごすわけである。仕事に追われて身辺のことを考える暇がないのは、心の成長のためには好ましくない。

**●実際行動に移すこと**

このような過程を通して今まで気づかなかったことに気づいたからといって、すぐに性格や対人関係が改善されるわけではない。一応の洞察ができた後は、必要に応じて実際行動に移す必要がある。行動に移すことによって、自己改造がともなうのである。

たとえば、専門学校に入学した頃から鼻が悪くなって、それ以後ずっと悩んでいた人がいた。この人は、「鼻さえよければ」もっと勉強がよくできるのだがと常々思っていた。ところが後に精神分析を学ぶようになって、鼻が悪いという口実で怠け心を合理化していたのではないかと気づき、それから本気になって勉強し出した。そうするともう鼻を口実にする必要がなくなったので、いつの間にか鼻が治ってしまったのである。

## ●系統的自己分析

ホーネイによれば、右に述べた方法は随時に行う自己分析であるが、さらに性格の深みにふれる自己分析をするためには、系統的な自己分析が必要である。ただしそれは精神分析やカウンセリングを通して行うものなので、ここではふれない。

## ●人の批評・悪口・叱責などは一つの解釈と思うこと

他人の批評、悪口、叱責などは、偶然の機会に精神分析を受けるようなものである。これには誰しもムッとするのが普通である。時やところをかまわずに受ける批評は、むかむかしたり、悲しくなったり、心に痛みを覚える。とくに感情的なつながりのある人から言われる批評は耳が痛い。このような場合には、無料で精神分析をしてもらったようなものだから、荒療法なのも仕方ない、と思うくらいにしたい、とホーネイは提案している。

## ●自分自身の力で治る

ホーネイによれば、人は誰でも治りたいという意欲をもっており、また自分で自分を治す力をもっている。ところが何らかの理由で、心が抑えつけられたり、歪められたり、葛藤があったりすると、せっかくの力も働かすことができない。治るのは精神分析の力ではなく、自分自身の力なのである。この事実を信じてこそ、自己分析は可能となる。

自己分析の場合、それを妨げるのは、うぬぼれ、独りよがり（精神分析ではナルシシズムという）の心である。他人に自分の弱点を指摘されて、すぐにカッとなって相手に攻勢に出たり、自己反省がなく、すべてを相手の罪にして相手を責めるような心の持ち方は、自己分析の妨げになる。他人から言われた耳の痛い言葉も、すなおに受け入れ、そんなことを言われるのは心外だが、そう受け取られるのも自分の方に何か間違ったところがあるからであろう、と自分を反省し、自己分析をして、はじめて自己改造ができるのである。自分は決して間違っていない、自分くらい偉いものはないと思い込んで、他人に耳を貸さないような人には、自己分析はできない。

ところで、人はその人の意識の範囲でしか行動できないといわれる。たとえば、陸上競技の100メートル走で10秒を切るのは人間業ではないと信じられていた時代には、やはりこれを破る人は出なかった。ところが一人がこの壁を超えると、それに続く人が何人も現れた。アスリートの間に「やはり、無理だ」という意識が広く浸透していた間は、やはり駄目だったのである（Ornstein, R.／北村・加藤訳、１９７６）。

この原則からすると、自分ができると思われる水準を少し高くし、それに向かって「今を大切に」して努力する自己管理が大事である。その場合、理想を高く掲げすぎると、なかなか達成感が得られず、努力を続ける動機づけを失い、元気をなくしがちになる。人は自分を責めるだけではもたないから、そんなときには水準を少し下げ、効力感を感じられるようにする。バランスのとれた自己管理が大切なのである。

## 6 ペルソナ（建前）とアニマ（本音）

これは「建前と本音」、「他人向きの顔（仮面）と素顔」などと、対比的に並べることのできる人の心の姿である。人間は社会的存在なので、他人との関わりなしでは生きていけない。時には自分の本音を殺してでも、他人向けの顔で付き合わなければならないこともある。

このような場合、性格的に良心的すぎる人、気の弱い人などは、相手からの無理な要求だと思ってもつい断りきれないで引き受けてしまい、後になって断るべきだったなどと後悔したりする。また逆に、まったく自分本位で、自分のわがままだけを通そうとする人もいる。

世間は皮肉なもので、気の弱い人、良心的な人に何でも雑用を押し付けがちであるし、わがままな人の要求は、あの人はああいう人だから仕方ないということで通ってしまいがちである。

人は他人と協調しながら生きていかなければならない。自分の存在を主張して他人と対立し、自分の存在を台無しにするわけにはいかないこともある。先の例の5000万円を脅し取ったグループの少年たちは、グループ内で自分が被害者になるのを恐れて、被害者の少年を積極的に標的にし、自分に被害が回ってくる恐怖を回避していたといわれている。このような非行グループといわず、人は時には、自分の意志で集団の圧力を跳ね返して、グループから抜け出ることが必要なときもある。そうでないと、だらだらと自分を見失ったまま、集団のなかに埋没して自分を台無しにしてしまうことになる。

建前と本音の問題は、生涯つきまとう。サークル、結婚、会社など、あらゆる私的・公的集団に入ったとたん、建前の部分と自分の本音部分のバランス、調和を見失わないようにする努力が必要となる。

かの文豪夏目漱石は、「智に働けば角が立つ、情に棹差せば流される。とかく世間は住みにくい」と名文を残した。このことは、本音と建前の問題にもあてはまる。これに対する対応の仕方次第では、ストレスにもつながり、人を悩ますことにもなる。

最近、大学の学生相談センターに訪れる学生が非常に増えている。自分の心理・性格、心身の健康、進路問題などが主な相談内容だが、最近の一つの特徴として、対人関係のつまずきと、強迫的な傾向の悩みがあげられている。友人との対人関係に悩んでいると訴える学生が多く、本音と建前のバランスがとれずにいる姿が見てとれる。

## 7　欲求不満耐性

平成11年12月の新聞の世論調査によれば、最近の日本人は身勝手だという意見が多いと報告されている。金融界の身勝手、政治家の身勝手、ストーカーの身勝手、遊ぶ金が欲しければ暴力を振るってでも奪い取る若者の身勝手、まわし蹴りなどの実技の気分が爽快だったからホームレスを襲ったという少年たちの身勝手、分不相応なブランドものを身につけたいがために「援交」する女子中高生の身勝手……例にこと欠かない身勝手ぶりが横行している。

現代人は、さまざまな欲求を満たす豪華な商品を目の前にしながら、それに待ったをかけられて欲求阻止状況にさらされている。そういう物が目の前にない時代ならいざ知らず、お金さえあれば誰にでも買えるから、欲しいという欲求が強ければ、この誘惑に耐えるには相当な忍耐力がいり、それに欠ければ欲求に負けてしまう。そういう忍耐力＝欲求不満耐性（frustration tolerance）がある程度ついていないといけないのであるが、このような忍耐力が養成されないまま成長してしまっている面がある。そして要求が満たされないとすぐ「ムカツイたり」「キレたり」する少年たちの心理が話題になっている。

これについて、演出家の竹内敏晴はおもしろいことを言っている。

戦前の私の少年期は「腹が立つ」ものでした。腹が立つというのは、腹のあたりがもやもやして上へ上へとつき上げてくる動きを感じることです。戦後になると、いきなり感情がからだを突き抜けて噴き上げてくるような「アタマニクル」時代になります。それに比べ、「ムカツク」とは、胸のあたりにひっかかっているものを、吐き出すことも、のみ下すこともできない宙づりの状態です。いわば世界を受け入れも、拒絶もしない、表現しない「から

だ」です。（朝日新聞、平成12年1月20日）

じりじりと、ムカツクからだが、吐き出すこともかなわずにのたうっているのかもしれない。子どもたちのからだを閉じ込めてきた社会構造的な囲い込みが崩壊して、からだの反乱とでもいうべきものが動き出しているような気もする、と取材記者は付け加えている。

## 8　欲求のバランス感覚

人は日常、いろいろな欲求を実現しようとして生きている。人は社会的な人間関係のなかで生活しているので、そのなかで自己主張のためのいろいろな欲求をもっている。このような欲求を整理したホーネイは、これらの欲求は基本的には三つの欲求、「同調の欲求」「対立の欲求」「孤立の欲求」に分類されると言っている。これらの欲求はたいへん矛盾する、相容れない面をもっている。

「同調の欲求」は、ほかの人に親しくしてもらいたい、愛してもらいたい、自分を認めて欲しいなどのように、仲間のなかで自分を十分認めて一員として尊重して欲しいという、他人との親和性・同調を求める欲求である。

他方、「対立の欲求」はこれと正反対のもので、他人と対立したり、攻撃したり、いじめたり、だましたりするような敵対性の性質をもつ。人をいじめたり、出し抜いたりする快感がやはりある。

「孤立の欲求」は、他人の干渉がうるさい、私にかまわないで欲しい、一人にして欲しいなど、周りの人間関係のわずらわしさから逃れて一人物思いに耽りたい、一人旅に出たい、といった心境になる人間的な欲求である。

たいていの人は、上の三つの相対立する欲求のバランスを何とか維持して生活しているわけである。これが調和を欠くようになると、健康とはいえないパーソナリティを示すことになる。たとえば、同調の欲求だけをむき出しにして、他の二つの欲求が背後に沈んでしまうと、まったく他者依存的な人になってしまう。悪くすれば自立心のない、寄生虫的な生活態度を身につけてしまう。

対立の欲求だけが突出すれば、常に周りの人と闘っている人となり、妥協がなくなる。精神病質の一つとして分類されている「闘う熱狂人」がその典型である。自分だけが正しく、これを許さない人とは闘って相手が降参するまで攻める性格である。狂信的宗教やかつてのナチスなどのイデオロギーは、このようなものであるといえる。

孤立の欲求はどうだろうか。これの典型は「自閉」である。まったく周囲には心を開かず、何も話さない貝のような存在になる。ここまで陥ってしまっては、やはり健康な社会生活は無理になる。

## 9　子どもには真剣に対応しよう

誰しも、子ども時代を経て、青年となり、社会に巣立ってゆく。子どもは家族の宝であると同時に、社会の宝でもある。自分の子どもではなくても、また、まだ人の親ではなくても、身の周りにいる子どもを未熟だからといって馬鹿にしたり、いいかげんに扱ったりしないで、まじめに対応して欲しい。そういう青年や大人が増えれば、少子化が進んでいる現代の子どもたちにとって、よい教育環境を提供することになるのは間違いない。

最近の新聞の投書欄に、3歳の子どもがなぜなぜを朝から晩まで質問するということが書いてあった（朝日新聞平成12年9月5日）。ある日、試しに質問回数を数えたら、一日62回だったそうである。この子は12時間くらい起きているそうであるから、1時間に5回の割で質問があったことになる。この母親はこの質問に一生懸命答えており、立派な母親で教育者だといえる。たいていの親はあまりしつこく聞かれると、忙しかったり機嫌が悪かったりするときには、「うるさい！」とやりかねない。何も全部の質問に正答を答える必要もなく、そのとき思いついた回答でよいし、あるいは後で回答してやってもよいのだが、まじめに応答しているということが子どもに伝わる必要がある。真剣に答えることが大事なのである。

日本のテレビなどのマスメディアには、残念ながらこのような視点に立った番組が少ない。アメリカには「大草原の小さな家」「名犬ラッシー」などのように、子どもの視線に沿いながら大人たちが子どもと真剣に交流しているドラマがある。このような番組は、心理学でいう「向社会性」（反社会性に対する言葉）を養うのにたいへん大切だと思われる。

今も私の心に残っているのは、オランダのアムステルダムにある観光ツアーで見た宝石工場の売店での女性店員の態度である。たまたまヨーロッパからの親子の観光客ツアーに遭遇したのだが、この店員は相手が子どもたちなのに、本物の宝石を何個も手にとらせて、ルーペで見せながら、どうしてこの宝石は駄目なのか、どれが良い宝石なのかをいろいろと「本物の宝石！」を見せて、きちんと説明していた。これが本当の教育だと思ったのである。日本の宝石店では想像もできないし、第一子どもはお呼びでないといった態度があるだろう。このような大人がもっとたくさん増えて欲しいと願わずにいられないのである。

直接利益につながらないから相手にしないという大人の態度は、子どもの教育にとってマイナスでしかない。子どもには本物を見せて、鑑賞眼を磨いてもらう必要がある。

## 10　ボランティア活動のすすめ

日本の大学生には、あまり評判が良くない一面のあるのは否定できないであろう。親のすねをかじっているのに、アルバイトしたお金は自分の遊びにだけ使っているとか、あまり社会に貢献しない、しようとしないと言われている。

この点でも、イギリスのある大学の掲示板を思い出す。生協のような場所（student center）の掲示板に、市民からの依頼が張ってあり、そのときは家の掃除をして欲しいという老人からの依頼状であった。その下には、何月何日何時にこの家に奉仕に行くので、暇のある学生は署名せよ、とあった。数日後には何人かの署名があったので、たぶん奉仕に行ったのだと思われるが、こういうことをごく普通の日常活動としてやっているようである。

ボランティア活動は、イギリスはケンブリッジ大学が発祥の地と後で知ったが、学生時代には、無償で社会のためにこのような奉仕活動を自発的にしてみるのも、世の中のいろいろな現実の市民生活が見えて、自分を見直す良い経験になると考えられるし、学生が社会的に評価される良い機会にもなると思える。

このような活動は、国や自治体がやる仕事だという意見もあるだろう。しかしそれだけで市民社会の問題が、すべて解決されるものではないのも現実である。学生のボランティア活動が、社会の一つの潤滑油になることは間違いない。社会のしかも一般庶民の姿を直視することで、自分だけの殼に閉じこもったさまざまな考えを修正せざるを得ないことも起こり、自己認識の手伝いになることと確信する。ボランティア活動が、学生の手で組織化される日が来るのを期待したいと思う。

著者紹介

加藤孝義（かとう　たかよし）
1936年　宮城県鳴子町に生まれる。
1967年　東北大学大学院文学研究科博士課程（心理学専攻）中退。
東北大学文学部助手，宮城県技術吏員，岩手大学教養部・人文社会科学部教授，東北大学大学院情報科学研究科教授を歴任。岩手大学名誉教授，東北大学名誉教授，文学博士。

主要著訳書
『意識の心理』（北村晴朗・加藤孝義／共訳）1976，産業能率大学出版部.
『人間の心理学』（鬼澤貞・木原孝・加藤孝義／共編著）1983，アカデミア出版会.
『MMPI原論』（分担訳）1984，新曜社.
『空間のエコロジー』1986，新曜社.
『集中力』（訳著）1996，河出書房新社.
『空間感覚の心理学』1997，新曜社.
『環境認知の発達心理学』2003，新曜社.　他

パーソナリティ心理学
自分を知る・他者を知る

初版第１刷発行　2001年３月10日
初版第19刷発行　2022年５月10日

編　者　加藤孝義
発行者　塩浦　暲
発行所　株式会社 新曜社
〒101-0051
東京都千代田区神田神保町３-９
電話　03(3264)4973・FAX　03(3239)2958
E-mail：info@shin-yo-sha.co.jp
URL：https://www.shin-yo-sha.co.jp/

印刷・製本　株式会社 栄光


ISBN978-4-7885-0755-5　C1011

# 索　引


▶あ　行

アイゼンク, H.　16,23,42,43,44
愛他性　102
愛着　84
　——回避　85
　確かな——　85
赤ん坊（育てやすい・むずかしい）　83
アドラー, A.　14
アニマ　33,175
アニムス　33
アメリカ精神医学会　146
アリストテレス　2
RFT　46
アンドロゲン　120
暗黙の性格観　49

医学的ケア　80
移行型　36
意識　13,58
　——的態度　33
　——の範囲　174
異常行動　144,164
異性装　145
一貫性　12
遺伝的性　117,122
イド　58

ヴント, W.　8
ウィトキン, H.　46
ウェイテン, W.　78
うつ病（うつ障害）　154～156
運動機能の発達　82

エイズ　80
エス　58
X染色体　122
エディプス・コンプレックス　14
榎本博明　90
MMPI　132
エリクソン, E. H.　75,78,91
援助行動　103

オールポート, G. W.　12,22,24
男らしさ女らしさ　124
親　108

▶か　行

外見的自己概念　90
外向性　23,32
外向的
　——感覚型　33
　——感情型　33
　——思考型　33
　——直感型　33
階層構造モデル　42
解体型　158
回答者の構え　138
外胚葉型　32
外罰型　45
快楽追求の原則　58
解離性障害　152
カウンセリング　129
学業的自己概念　70

学歴主義　165
可視的自己　89
家族生活　107
価値志向　34
空の巣　110
ガル, F. J.　6
加齢　112
ガレノス　6,24,28
感覚運動期　96
観察学習　16
慣習的道徳　101
観相術　2
観念　34

気質　83
――の安定性　83
――の予測指標　84
北村晴朗　68
規範からのズレ　144
気分障害　154
客体としての自我　68
キャッテル, R. B.　23,40,44
ギャラップ, G.　73
教育　182
強迫
――観念　150
――体験　65
――的 - 切迫的障害　150
恐怖症　148
虚言症　167
ギルフォード, J. P.　24,42
緊張型　158

空間的認識力　116
具体的操作期　99
クラインフェルター症候群　122
クレッチマー, E.　24,28,30,32

形式的操作期　100
系統的自己分析　173
血液型　37
――性格論　37
『血液型と気質』　37
結婚　107
ケリー, G.　22
言語操作力　116
現実原則　58
源泉特性　40
幻聴　157

後慣習的道徳　102
攻撃性　102
向社会性　182
向性　32
行動主義　14
高齢化　111
コールバーグ, L.　100
個人的苦痛　145
個性記述的理論　22
誇大妄想　157
骨相学　6
孤立の欲求　179
根源特性　40

▶さ　行

罪悪感　155
細長型　30
再テスト法　131
最頻パーソナリティ　18
作為体験　65
搾取的パーソナリティ　35
サリドマイド児　79

シェルドン W. H.,　30
自我　58,64

——意識　68
——拡散　93,95
——拡大感　68
——関与　166
——縮小感　68
——層　61
——同一性　66,91
——と他者・環境との区別の意識　67
——の単一性　65
——の能動性　64
——防衛機制　14
——防衛機制　166,167
主体としての——　68
自己
——意識　74
——概念　68
——概念　70
——概念の発達　88
——実現の欲求　17
——受容　170
——中心性　99
——に関する言葉　69
——分析　170,171
自殺　110
思春期　88,164
——挫折　164
市場的パーソナリティ　35
実行意識の喪失　65
質問紙法　131,134,135
児童期　90
自分の芽生え　73
社会的学習理論　15
社会的自己　90
——概念　70
——表象　89
社会的時計　104
シャベルソン, R. J.　70
集合的無意識　14
終末降下　112
自由連想　172
16PF　40
主観的・内面的自己概念　90
受動的パーソナリティ　35
シュプランガー, E　24,34
状況主義的アプローチ　25
情緒障害　157
情緒層　60
少年事件　162
植物層　60
女性型の脳　120
ジョルダン曲線　55
自立的自己システム　19
心気症　152
新婚カップル　107
新生児　79,89
身体
——化障害　151
——緊張性　32
——像　73
——表現障害　150
心的エネルギー　32
深部人　60
新フロイト派　86
信頼性　131
心理（学）的障害　144,159
心理診断　146
心理的自己　90
心理テスト　130

数学的自己概念　70
スキナー, B.　15
ストレス　104,109
頭脳緊張性　32

スプルツハイム　8

性格
　——的特徴と体格　30
　——（の）類型　28,37
生産的パーソナリティ　35
精神異常　159
成人期　110
精神病と体格　28
精神分析学　13
精神分裂的障害　157
精神分裂病　30
性染色体　122
性的両能期　118
青年期　78,90,164
性の分化　118
生物学的アプローチ　16
生物学的類型説　28
切迫行為　150
折半法　131
絶望感　155
前意識　58
前慣習的道徳　101
前操作期　96

躁うつ気質　30
躁うつ病　30
双極性気分障害　154,156
相互依存的自己システム　19
相互作用論　25
躁状態　156

▶た　行

ターナー症候群　122
第一反抗期　74
体液説　2,6
対抗同一化　95
胎児
　——から死まで　78
　——期　79
　——段階　79
胎生段階　79
大脳半球機能　121
タイプA行動　45,48
タイプB行動　48
対立の欲求　179
詫摩武俊　38
多血質　6
多重人格　153
多重特性論　24
闘う熱狂人　180
脱中心化　99
建前と本音　175
妥当性　130
単一特性説　45
単極性気分障害　154
胆汁質　6
男女差　116
男女の生物学的差異　117
男性型の脳　120

チェス,S.　83
知覚の歪み　157
蓄積的パーソナリティ　35
知的達成能力　113
中間型　36
中心化　99
中年の危機　106
中胚葉型　32
超自我　58,64

TAT　139
DSM - Ⅳ　146
TAIS　135

デーモン, J. A.　90
テオプラストス　3
適応異常行動　145
適応行動　157
てんかん　30
転換障害　151

投影法　131, 138, 140
闘士型　30
同性愛　123
胴体から四肢へ　82
同調の欲求　179
道徳
　——意識の希薄化　165
　——的葛藤　100
　——的判断の発達　100
頭部から足部へ　82
動物層　60
トーマス, A.　83
独自性　12
特性　23
　——アプローチ　23
　——構造　18
　——説　39
　——-類型　42
トポロジー　54

## ▶な　行

内向
　——型　34
　——性　23, 32
　——的感覚型　33
　——的感情型　33
　——的思考型　33
　——的直感型　33
内臓緊張性　32
内胚葉型　32
内罰型　45
内面的自己概念　90

乳児死亡率　80
人間学的アプローチ　17
人間関係の疎遠化　165
認知・思考の発達　95
認知症　111

粘液質　6
粘着性気質　30

脳
　——地図　8
　——の性分化　120

## ▶は　行

パーソナリティ　12
　——・テスト　128
　——と文化　18
　——の安定性　105
　——のひずみ　166
　最頻——　18
　搾取的——　35
　市場的——　35
　受動的——　35
　生産的——　35
　蓄積的——　35
　文化と——　18
パーソネル・マネジメント　129
ハート, D.　90
バーン, B. W.　70
胚種段階　79
破瓜型　158
発達加速現象　88
場独立性-場依存性　46
パニック障害　149

バンデューラ,A.　16

ピアジェ,J.　95,97,99
B=f(P,E)　54
P-Fスタディ　140
被害妄想　157
非可逆性　99
比較文化的研究　18
非合理的思考　157
左半球優位　121
ビッグ5　44
否定的同一化　95
『人さまざま』　3
人の層　61
ヒポクラテス　2,24,28
肥満型　30
標準化　131
標準テスト　130
表面特性　40
広場恐怖症　149

不安障害　147,148
不適応行動　164
不動麻痺　158
浮遊不安　148
フラストレーション　105
フランク,B.M.　46
フリードマン,M.　48
古川竹二　37
フロイト,S.　13,18,32,57,60,64,78,116,168
ブロードマン,W.J.　8
フロム,E.　35
文化とパーソナリティ　18
分析心理学　14
分類ボックス　24
分裂気質　30

ペルソナ　33,175

法則定立的理論　22
ホーネイ,K.　86,170,174
母子分離不安　85
補償　34
保存　96,99
ボランティア活動　183
ボルタ　3

### ▶ま　行

マーカス,H.　19
マーシャ,J.　95
マーシュ,H.W.　70
マズロー,A.　17
麻痺　151

身勝手　177
ミッシェル,W.　25
未分化型　158

無意識　13,58
　——的態度　33
　集合的——　14

妄想型　157
妄想知覚　67
モノセックス化　125
モラトリアム　93,95
問題解決能力　113
問題行動　164

### ▶や　行

ヤスパース,K.　64
矢田部ギルフォード性格検査　42,133

憂うつ感　155
憂うつ質　6
ユング, C.　14,24,32,33

養育態度　86
幼児期　89
抑うつ障害　154
欲求
　——阻止状況　168,178
　——のバランス感覚　179
　——不満耐性　177

▶ら　行

ライフサイクル　91

リビドー　32
臨床的診断　129

類型アプローチ　23
類型説（論）　24,35
　生物学的——　28
ルイス, M.　74

レヴィン, K.　54

ロータッカー, E.　60
ロールシャッハ・テスト　139
ロジャース, C.　17,22
ロビンズ, L. N.　147

▶わ　行

Y-Gテスト　42,133
Y染色体　122

# 文　献

Allport, G.W., 1961, *Pattern and growth in personality*. Holt, Rinehart & Winston; 今田恵（監訳）, 1968,『人格心理学』上・下, 誠信書房.

青木孝悦・萩原滋・箱田裕司, 1984,『資料中心一般心理学』関東出版社.

Byrne, B.W. & Shavelson, R.J., 1996, On the structure of social self-concept for pre-, early, and late adolescents: A test of Shavelson, Hubner, and Stanton（1976）model. *Journal of Personality and Social Psychology, 70*, 599-613.

Cole, M., 1992, Culture in development. In M. H. Bohnstein, & M. E. Lamb（Eds.）, *Developmental Psychology: An advanced textbook*（3rd ed.）. Hillsdale, NJ: Erlbaum.

Damon, W. & Hart, D., 1982, The development of self-understanding from infancy through adolescence. *Child Development, 53*, 841-864.

Dennis, W., 1966, Age and creative productivity. *Journal of Gerontology, 21*,（1）, 1-8.

Eaton, W. W., Dryman, A., & Weissman, M. M., 1991, Panic and phobia. In N. Robins, & D. A. Regier（Eds.）, *Psychic disorder in America: The epidemiologic catchment area studies.* New York: Free Press.

榎本博明, 1998,『「自己」の心理学――自分探しへの誘い』サイエンス社.

Erikson, E.H., 1968, *Identity: Youth and crisis*. New York: Norton.

Eysenck, H.J. & Eysenck, S.B.G., 1983, Recent advances in the cross-cultural study of personality. In J.N. Butcher & C.S. Spielberger（Eds.）, *Advances in personality assessment*（Vol.2）. Hillsdale, NJ: Erlbaum.

Friedman, M. & Rosenman, R.F., 1974, *Type A behavior and your heart*. New York: Knopf.

福島章（編）, 1989,『性格心理学講座 3　適応と不適応』金子書房.

Frank, B. M & Noble, J. P., 1984, Field-independence and cognitive restructuring. *Journal of Personality and Social Psychology*, 47, 1129-35.

Helson, R. & Stewart, A., 1994, Personality change in adulthood. In T.F. Featherton, & J.L. Weinberger（Eds.）, *Can personality change?* Washington DC: American Psychological Association.

Horney, K., 1942, *Self-Analysis*. 霜田静志・国分康孝（訳）, 1961,『自己分析――精神分析は自分でできる――』誠信書房.

細江達郎・大江篤志・堀毛一也・今城周造, 1990,『いんとろだくしょん　社会心理学』新曜社.

今田恵, 1962,『心理学史』岩波書店.

井上晴雄, 1968「自我の問題（一）自我障害の現象学」『異常心理学講座 8・

精神病理学２』島崎敏樹（他編），みすず書房．
石田潤・岡直樹・桐木健治・富永大介・道田泰司, 1995,『ダイアグラム心理学』北大路書房.
梶田叡一, 1980,『自己意識の心理学』東京大学出版会.
加藤孝義・細川徹, 1995,『TAIS マニュアル（日本語版）』システム・パブリカ.
加藤孝義（訳著）, 1996,『集中力』河出書房新社.
加藤伸勝, 1987,『小精神医学書』第３版, 金芳堂.
川上正澄, 1982,『男の脳と女の脳』紀伊国屋書店.
Kimura, D., 1999, *Sex and Cognition*, The MIT Press.（野島久雄他訳, 2001,『性と認知』新曜社.）
金城辰夫・野口薫, 1984,『心理学概論』有斐閣大学双書.
北村晴朗, 1970,『人間形成の心理』協同出版.
北村晴朗（編著）, 1975,『新版一般心理学演習』誠信書房.
北村晴朗（編著）, 1967,『要説心理学』昭学社.
北尾倫彦・中島実・井上毅・石王敦子, 1997,『グラフィック心理学』サイエンス社.
Kleinmuntz, B., 1985, *Personality and psychological assessment*. Malabar, FL: Robert, E. Krieger.
Kohlberg, L., 1969, Stage and sequence: The cognitive-developmental approach to socialization. In D.A. Coslin（Ed.）, *Handbook of socialization theory and research*. Chicago: Rand McNally. 永野重史監訳, 1987,『道徳性の形成――認知発達的アプローチ』新曜社.
Kretchmer, E.（相場均訳）, 1961,『体格と性格』文光堂.
Machung, A., 1989, Talking career,thinking job: Gender differences in career and family expectations of Berkeley seniors. *Family Studies, 15*, 35-58.
Malim, T. & Birch, A., 1998, *Introductory psychology*. Macmillan Press Ltd.
Marcia, J.E., 1980, Identity in adolescence. In J. Adelson（Ed.）, *Handbook of adolescent psychology*. New York: Wiley.
Markus, H.R. & Kitayama, S., 1991, Culture and the self: Implications for cognition, emotion and motivation. *Psychological Review*, 98, 224-253.
Marsh, H.W. & Shavelson, R.J. 1985, Self-concept: Its multifaceted, hierarchical strucuture. *Educational Psychologist, 20*, 107-123.
丸山欣也（編）, 1996,『基礎心理学通論』福村出版.
McCrae, R.R. & Costa, P.T., Jr., 1987, Validation of five factor model of personality across instruments and observers. *Journal of Personality and Social Psychology. 52*, 81-90.
宮城音弥, 1960,『性格』岩波新書.
南博（監訳）・藤永保（訳）, 1976,『図説現代の心理学２人間性の発達』講談社.
村田孝次, 1983,『教養の心理学』３訂版, 培風館.
無藤清子, 1979,「『自我同一性地位面接』の検討と大学生の自我同一性」教育

心理学研究, 27, 178-187.
ナイデファー（加藤孝義訳), 1995,『集中力』河出書房新社.
鬼澤貞・木原孝・加藤孝義（編著), 1983『人間の心理学』アカデミア出版会.
大山正博（編著), 1983,『人間への心理学的アプローチ』学術図書出版.
Ornstein, R.E., 1972, *The psychology of consciousness*. W.H. Freeman and Company. 北村晴朗・加藤孝義（共訳), 1976,『意識の心理——意識と直観の統合』産業能率大学出版部.
Paunonen, S.V., Jackson, D.N., Trzebinski, J. & Forsterling, F., 1992, Personality structure across cultures: A multimethod evaluation. *Journal of Personality and Social Psychology, 62*, 447-456.
Robins, L.N. & Rieger, D.A.（Eds.), 1991, *Psychiatric disorders in America: The epidemiologic catchment area study*. N.Y.: Free Press.
ローラッヘル（宮本忠雄訳), 1966,『性格学入門』みすず書房.
佐治守夫・飯長喜一郎, 1991,『パーソナリティ論』放送大学教育振興会.
Shavelson, R.J., Hubner,J.J. & Stanton, G.C., 1976, Self-concept: Validation of construct interpretations. *Review of Educational Research, 46*, 407-441.
清水弘司, 1998,『はじめてふれる性格心理学』サイエンス社.
Stumpf, H., 1993, The factor of personality research form: Across national evaluation. *Journal of Personality. 61*, 27-48.
杉下守弘, 1983,『右脳と左脳の対話』青土社.
詫摩武俊（監), 1985,『パッケージ・性格の心理』ブレーン出版.
詫摩武俊, 1986,『青年の心理』培風館.
詫摩武俊・滝本孝雄・鈴木乙史・松井豊, 1998,『性格心理学への招待——自分を知り他者を理解するために』サイエンス社.
テオプラストス（森進一訳), 1982,『人さまざま』岩波書店.
Thomas, A. & Chess, S., 1977, *Temperment and development*. New York: Brunner/Mazel.
辻平治郎, 1993,『自己意識と他者意識』北大路書房.
Weiten, W., 1996, *Psychology*. Themes & Variations Briefer Version, 3rd ed. Brooks/Cole Publishing Company.
Witkin, H. A., 1949, The nature and importance of individual differences in perception. *Journal of Personality, 18*, 145-70.
Witkin, H. A., 1976, Cognitive style in academic performance and teacher-student relations. In S. Messick and Associates, *Individuality in Learning*. San Francisco: Jossey-Bass.
八重島建二（他編), 1986,『現代心理学』培風館.
八木冕（監修), 1970,『講座心理学 4　知覚』東京大学出版会.
八木冕（監修）／今村護郎（編), 1970,『講座心理学 14　生理学的心理学』東京大学出版会.
依田明（編), 1989,『性格心理学新講座 2　性格形成』金子書房.